中国资本市场高端读本

学术支持　北京大学金融与产业发展研究中心

运营支持　北经堂（北京）文化交流有限公司

C A P I T A L

主　　编 何小锋
执行主编 黄　嵩

资本

债券融资

005

中国发展出版社
CHINA DEVELOPMENT PRESS

图书在版编目（CIP）数据

资本：债券融资/何小锋主编. — 北京：中国发展出版社，2012.10

ISBN 978-7-80234-859-2

Ⅰ. ①资… Ⅱ. ①何… Ⅲ. ①资本市场—研究 ②企业融资—债券融资—研究—中国 Ⅳ. ①F830.9 ②F275.1

中国版本图书馆 CIP 数据核字（2012）第 252703 号

书　　名： 资本：债券融资
著作责任者： 何小锋
出 版 发 行： 中国发展出版社
（北京市西城区百万庄大街 16 号 8 层　100037）
标 准 书 号： ISBN 978-7-80234-859-2
经　销　者： 各地新华书店
印　刷　者： 北京科信印刷有限公司
开　　　本： 700mm × 1000mm　1/16
印　　　张： 9.25
字　　　数： 130 千字
版　　　次： 2012 年 11 月第 1 版
印　　　次： 2012 年 11 月第 1 次印刷
定　　　价： 29.00 元

联 系 电 话： （010）68990630　68990692
购 书 热 线： （010）68990682　68990686
网　　　址： http://www.develpress.com.cn
电 子 邮 件： bianjibu16@vip.sohu.com

卷首语

PREAMBLE

刚刚颁布的《金融业发展和改革"十二五"规划》提出："到'十二五'期末，非金融企业直接融资占社会融资规模比重提高至15%以上。"

我国早在1996年就明确提出"扩大直接融资规模"，但中国企业直接融资比例的上升幅度一直不大，目前中国的金融体系仍属于银行主导型。

提高直接融资比例最大的潜力在于债券市场，不在股票市场。可以预计，"十二五"期间将大力发展债券市场，这也是实现显著提高直接融资比重目标最重要、也是最核心的举措。

债券融资也大行其道！

中国银行间市场交易商协会综合部项目主管佘桂荣和中债资信评估有限责任公司分析师杜海容，为我们提供了《中国债券市场与企业债券融资》的一个全景式概述，不但介绍了中国债券市场特别是信用债券市场的发展和现状，还分析了目前中国信用债券市场所面临的问题和发展建议。文章通过对债券市场大量的数据实证分析，为企业债券融资提供了极其实用的指导和参考。

目前中国企业债券融资的四种主要方式是：企业债券（狭义）、公司债券、中期票据和短期融资券。北京大学黄嵩副教授的《企业债券融资实务》一文，从操作和案例的角度，为我们介绍了上述四种企业债券融资方式。

中小企业私募债券是中国债券市场的一项重大创新，肩负着解决中小企业融资难题的重任。截至2012年7月31日，已发行的中小企业私募债券已达28只，募集总额23.3亿元。中小企业私募债券必将成为中小企业债券融资最重要的方式。北京大学研究生邓闯为我们介绍了《中小企业私募债券》的发行现状、操作实务和面临的挑战。

城投债是地方融资平台公司发行的企业债，事实上是地方政府变相通过企业债形式进行融资。在当前对地方政府负债过高的讨论中，城投债也成了大家关注的热点。鹏华基金公司固定收益部研究员袁杰《城投债：地方政府债券融资》一文，为我们系统阐述了城投债的前生今世、来龙去脉。

信用评级在债券融资中发挥着非常重要的作用。信用评级在债券融资中的直接作用表现为减少债券市场中投资人和发行人之间的信息不对称，降低信息沟通成本。信用评级还是债券风险定价的重要参考。如何看待企业债券融资与信用评级的关系、危机后人们对这种关系的认识发生了什么变化以及我国债券融资与信用评级的关系如何，中债资信评估有限责任公司总裁蔡国喜和分析师陶丽博的《企业债券融资与信用评级》，对此进行了深入讨论。

中国债券市场的发展，离不开债券常识的传播，中诚信资讯副总裁郇公弟《中国的彭博在哪里》一文，对此问题提出了自己的思考。

谈债券融资，不能不提中国长江三峡集团公司。万联证券投资银行部向松对《中国长江三峡集团公司债券融资》进行了案例研究。

中国目前尚没有一只信用债券违约，本有可能成为中国信用债首例违约案例的“11海龙CP01”，因为政府“兜底”而按期兑付。北京大学研究生崔晓航的《“兜底”失水海龙，市场容忍度何在》为我们解读这个极有意义的案例。

压轴大作是国家开发银行高坚副行长的《中国信用债券市场发展现状及风险管理建议》。高坚先生为我国债券市场的创建和发展作出了突出贡献，有“中国债券之父”的美誉。高坚先生的文章一定能够让大家获益匪浅。

目　录

CONTENTS

专　题 >>>

案　例 >>>

讲　座 >>>

资本

债 券 融 资

Capital

专 题

◎佘桂荣 杜海容

中国债券市场与企业债券融资

20 世纪 80 年代以来，金融脱媒化逐渐成为全球资本市场的发展趋势，中国金融体系不断完善，市场功能也在逐步深化。鉴于直接融投资可以优化融资结构、降低金融系统性风险的重要作用，从 1996 年我国明确提出“扩大直接融资规模”以来，中国企业直接融资得到了快速发展，但直接融资比重的上升幅度一直不大，目前中国仍属于银行主导型金融体系。要真正扩大直接融资的比例，建立多层次的资本市场体系，还需切实发展中国债券市场。

一、中国债券市场概况

1. 中国债券市场发展沿革

中国债券市场建设始于 1981 年恢复国债发行。伴随着对市场建设一般规律的探索和认识，中国债券市场历经了摸索起步、健康发展、快速发展三个阶段。

（1）亚洲金融危机以前：处于摸索起步阶段

中国债券市场始于 1981 年国债的恢复发行和 20 世纪 80 年代中期对建立国债流通市场的探索，经历了从自发、零散的柜台交易到相对集中的交易所交易的过程。上世纪 80 年代中后期，随着国债流通转让试点，形成了很多地方性债券交易中心及柜台交易中心。但当时的债务工具托管处于分散状态，再加上交易不规范，1995 年，武汉、天津证券交易中心及全国证券交易自动报价系统的债券交易均出现巨大风险而停止交易。在此之后，债券交易主要集中于交易所市场。当时，交易所成为金融机构投资者与零售投资者、银行与非银行机构并存的场内交易市场。但随后几年，由于当时交易所市场承载了为股市融资的功能，大量银行资金通过交易所债券回购流入股票市场，造成了回购利率的大幅波动，助长了股市投资和泡沫。1997 年 6 月，为维护宏观金融稳定，阻断银行资金流向股票市场，商业银行全部退出上海和深圳交易所市场。这一阶段，中国债券市场总体发展非常缓慢，根据 BIS 统计，1997 年末中国债券市场余额为 4781 亿元，在世界排名第 25 位。

（2）亚洲金融危机之后：步入健康发展轨道

1997 年后，亚洲各国对债券市场发展的重要性有了新认识，着力发展本国债券市场。1997 年底，第一次全国金融工作会议召开，明确提出要“发展资本市场，扩大直接融资”。在此基础上，中国债券市场在总结调整中向前发展，初步形成以场外市场（即银行间债券市场）为主、场内市场（即交易所债券市场）为辅，两个市场分工合作、相互补充的市场格局，同时市场基础设施得到加强，发行的市场化程度得到提高。这一时期，中国债券市场总体上发展很快，2004 年末债券市场存量达到 5.16 万亿元；但同时也出现一些问题，由于交易所债券市场的标准券回购存在标准券折算、按席位二级托管等制度缺陷，风险开始逐渐暴露并开始着手整顿。此外，公司信用类债券市场发展依然缓慢，规模较小。2004 年末，中国公司信用类债券余额 2431 亿元，在世界排第 21 位，在亚洲也远低于经济规模比我们小得多的韩国、马来西亚等，居第 6 位。

（3）“国九条”发布后：进入快速发展时期

2004年1月，国务院发布《关于推进资本市场改革开放和稳定发展的若干意见》（即“国九条”），中国债券市场开始实现快速发展。按照市场化方向，不断减少行政审批，完善债券发行市场化机制。考虑到债券本身固有的风险属性，改变过去面向散户和中小投资者的做法，坚持面向机构投资者的场外市场定位，建立健全市场化约束机制，改变了债券融资发展相对滞后的状况。2005年短期融资券的推出，使中国债券融资的比重当年首次超过股票融资，自此成为直接融资的主渠道，成为资本市场的主板。从2007年开始，在充分尊重市场化力量的注册制推动下，中国债券市场跨越式成长的特征更为明显，呈现健康发展的良好势头。截至2011年末，中国债券市场余额为22.8万亿元，排名世界第4位，亚洲第2位。与此同时，中国公司信用类债券市场得到大发展，截至2011年末，市场余额为5.1万亿元，占债券市场余额22.36%，已排名世界第3位，亚洲第2位。

2. 中国债券市场概况

经过多年发展，中国债券市场形成了较为丰富的产品结构，债券存量规模稳步扩大，发行量持续增加，交易规模增速明显，呈现出健康发展的良好势头。

表1　　中国债券市场格局

<table>
<tr><th colspan="3">债券类别</th><th>发行主体</th><th>监管或自律机构</th></tr>
<tr><td colspan="3">政府债券（包括政府支持机构债）</td><td>财政部、地方政府、铁道部、中央汇金</td><td>人民银行、财政部、证监会</td></tr>
<tr><td colspan="3">中央银行债</td><td>人民银行</td><td>人民银行</td></tr>
<tr><td rowspan="8">金融债券</td><td colspan="2">政策性银行债</td><td>政策性银行</td><td>人民银行</td></tr>
<tr><td rowspan="3">商业银行债券</td><td>普通债</td><td rowspan="7">商业银行等金融机构</td><td>银监会、人民银行</td></tr>
<tr><td>次级债</td><td>银监会、人民银行</td></tr>
<tr><td>混合资本债</td><td>银监会、人民银行</td></tr>
<tr><td rowspan="4">非银行金融机构债券</td><td>非银行金融机构债券</td><td>人民银行</td></tr>
<tr><td>特种金融债券</td><td>人民银行</td></tr>
<tr><td>证券公司债</td><td>人民银行、证监会</td></tr>
<tr><td>证券公司短期融资券</td><td>人民银行、证监会</td></tr>
</table>

续表

债券类别		发行主体	监管或自律机构
非金融企业债券	企业债、集合企业债	非金融企业	国家发改委、人民银行、证监会
	短期融资券		人民银行（交易商协会）
	超级短期融资券		人民银行（交易商协会）
	中期票据		人民银行（交易商协会）
	中小企业集合票据		人民银行（交易商协会）
	公司债		证监会
资产支持证券		银行、企业等	银监会、人民银行
国际机构债券		国际机构	人民银行、财政部、国家发改委、证监会

（1）债券市场存量和发行量稳步增加

近些年，中国债券存量一直增长较快，十年间年均增长率达到27.8%，债券存量占GDP的比重也在逐步升高，截至2011年底，中国债券市场存量达到21.86万亿，占GDP的比重达到47.71%。中国债券市场存量在经历了2008年之前延续的20%以上的增长后，近几年增速开始趋缓。从发行量上看，2007年之前，中国债券发行量持续增加，2007年之后，债券发行量开始出现波动，但整体上处于7万亿~9.5万亿区间内，2011年中国债券市场总发行量为7.82万亿。从增长趋势上看，中国债券发行增速也在逐渐减小。

（2）债券市场交易量持续攀升

从1981年恢复发行国债开始至今，中国债券市场逐渐形成了包括银行间市场、交易所和商业银行柜台市场三个基本子市场在内的二级市场系。其中，交易商市场是场内市场，银行间市场和商业银行柜台市场是场外市场。目前，银行间市场是债券市场的主体，债券存量和交易量约占全市场90%以上。交易所市场面向各类社会投资者，属于集中撮合交易的零售市场，商业银行柜台市场是银行间市场的延伸，也属于零售市场。

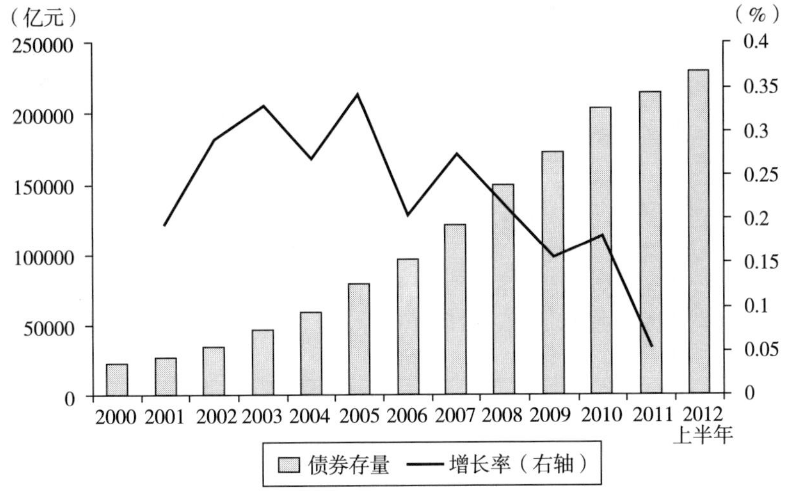

图1　中国历年债券市场存量情况图

资料来源：Wind。

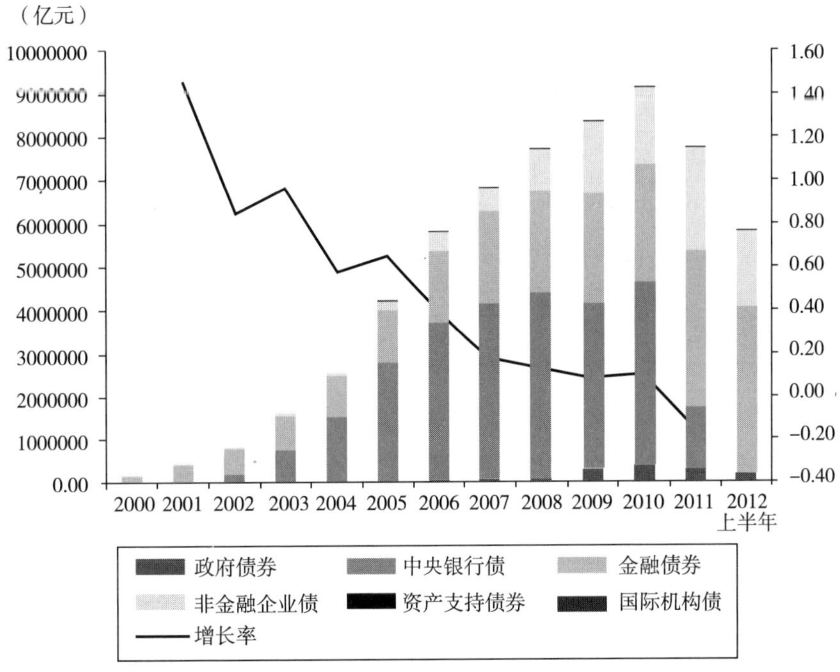

图2　中国历年债券发行量情况

资料来源：Wind。

表 2　　中国债券二级市场概况

一级分类	场外市场		场内市场
二级分类	银行间债券市场	商业银行柜台债券市场	交易所市场
监管机构	人民银行	人民银行	证监会
交易工具	现券、回购（质押式和买断式）、远期、利率互换、债券借贷、远期利率协议	现券	现券、标准券回购、买断式回购
债券品种	国债、央行票据、政策性金融债、金融债券、短期融资券、中期票据、企业债券、中小企业集合票据、国际开发机构债、资产支持证券	国债	国债、企业债、公司债、可转换债
投资者	金融机构、非金融机构、QFII、ABF2 等各类机构投资者	个人、中小企业及事业单位	商业银行、企业、自然人、QFII 等
交易方式	场外询价、逐笔成交	双边报价	集中竞价、撮合成交
债券交易量	90% 以上	极小	不到 10%
托管机构	中央国债登记结算公司、上海清算所	中国证券登记公司	
债券托管量	90% 以上	不到 10%	

随着中国债券市场流动性的改善，债券投资规模逐年增加，除 2011 年外，市场交易规模逐年增加，年交易规模增长率均在 20% 以上，2005、2008 两年增长率均超过了 100%。在全部交易规模中，银行间债券市场交易额占绝大部分，从 2006 年开始，银行间债券市场交易额占整个市场交易的比重突破 98%，之后一直维持在 99% 以上。按交易市场统计，2011 年，中国债券全市场（银行间市场按净价交易计算）累计成交 63.26 万亿元。按交易类型看，中国债券市场现券交易份额呈现出先抑后扬的态势，与此对应，回购交易则先扬后抑，2011 中国债券市场现券交易和回

购交易总和达到 183.2 万亿元，较 2010 年增长 16.04%，其中现券交易 33.3 万亿元，回购交易为 85.8 亿元。

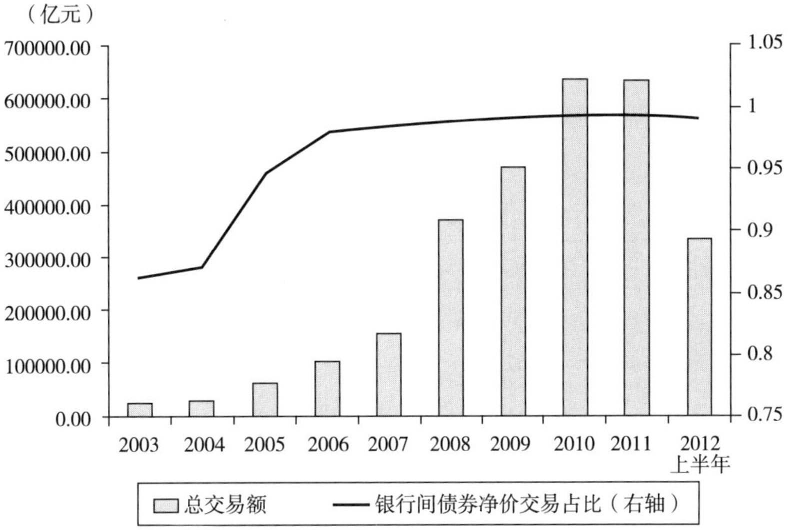

图 3　中国历年债券交易情况

资料来源：Wind。

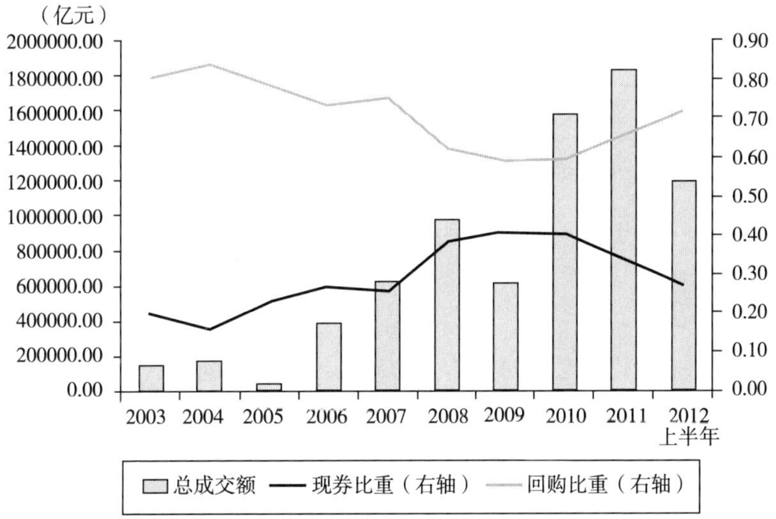

图 4　中国历年债券现券和回购交易情况

资料来源：Wind。

当然，必须承认的是，与发达国家债券市场相比，中国债券市场存量规模仍然较小。如果考虑到中国的经济总量，则市场规模偏小的问题就更加突出。以债券市场各类债券存量与本国 GDP 的比值来表示各国债券市场的相对规模，日本、美国以及法国等国家的比值均超过 100%，德国为 69.84%，发展中国家巴西为 59.13%，而中国为47.89%。

表3　部门国家国内债券构成情况（截至2011年底）

国家	债券存量（10亿美元）	债券存量/本国 GDP（%）
中国	3344.77	47.86
法国	3307.605	117.78
德国	2534.176	69.84
日本	14952.482	255.36
美国	26333.079	174.80
巴西	1488.778	59.13
印度	596.114	32.34

资料来源：BIS。

2. 发展债券市场的意义

债券市场的发展程度是一个国家金融市场发展程度的一个重要基础。为实现经济快速增长、保持金融系统稳定，“十二五”规划明确提出要显著提高直接融资比重，加快债券市场发展。因此，大力发展债券市场成为当务之急。

第一，是优化社会融资结构，防范系统性风险的必然要求。

长期以来，中国直接融资与间接融资比例严重失衡，金融体系缺乏弹性。实体经济融资过度依赖银行贷款，金融风险集中于银行体系。这种社会融资结构对于宏观金融稳定带来巨大挑战。此次国际金融危机暴露出来的“大而不能倒”问题，就是风险过度集中引发系统性风险的案例。由于银行微观监管的顺周期特征，当经济转入下行周期时，过度集中风险的大商业银行经营失败，将使国家面临任其倒闭引发系统性风险和进行救助引发道德风险的两难处境。

中国直接融资比例峰值为2007年的26.6%，大体相当于日本、德国上世纪70年代的水平。2009年直接融资比例回落至18.9%，金融机构贷款余额与国内生产总值的比例达到119.8%，其比例关系已经远远超出上世纪90年代亚洲金融危机发生前东南亚国家的状况。一旦实体经济波动就可能导致银行呆坏账大幅增加，影响金融稳定。下一阶段应将发展债券市场，尤其是公司信用类债券作为提高直接融资比例的主渠道。当前，中国银行贷款余额约为51.4万亿元，而公司信用类债券市场存量仅3.7万亿元左右，贷款融资与债券融资的比例接近14：1，发展债券市场空间巨大。与此同时，股权分置改革后，中国资本市场股票融资规模持续攀升。2010年，中国股票市值位居全球第2位，首次公开发行（IPO）规模位居全球首位，股票融资继续大幅增长的空间有限，相对而言，债券市场潜力利用不足。因此，大力发展债券市场，提高直接融资比重，仍然是今后一个时期优化金融结构，降低银行体系风险的重点工作。

第二，是后危机时期保持国民经济平稳较快发展的现实需要。

此次国际金融危机之后，西方国家普遍采取了结构化改革措施。美国和欧盟贸易保护主义抬头，以汇率问题、贸易问题制造摩擦，使中国原来过度依赖外需的经济发展模式面临挑战。按照中央加快转变经济发展方式、调整经济结构的战略部署，今后保持国民经济平稳较快增长要以扩大内需为主。

发展现代服务业、先进制造业、中小企业都需要大量社会融资。如果单纯依赖银行贷款，则商业银行将面临不断补充资本金的压力，银行大规模的再融资需求将影响股票市场稳定。如果单纯依赖股票融资，也有不少企业难以满足上市的要求。因此，加快发展债券市场可以提供相对安全、收益稳定的直接融资渠道，有利于发挥金融市场服务于国民经济发展全局的功能，提高储蓄转化为投资的效率。

第三，是实施及时有效宏观调控的迫切需要。

今后一个时期，国际收支双顺差的局面还将持续，保持汇率基本稳定需要对冲大量的流动性。目前，中央银行的公开市场操作依托于债券场外市场进行，央行票据的发行和流通也依托于债券场外市场，绝大部分国债发行通过债券场外市场完成。加快发展债券市场对于完善金融宏观调控、有效实施财政政策和货币政策具有重要的基础性意义。债券市场的收益率水平变化，还可以为宏观调控和金融市场监管提供重要参考信息。

第四，有利于满足企业多元化融资需求。

作为直接融资的两种方式，股票融资和债券融资的发展对提高中国直接融资的比重均具有重要意义。但是，由于股票融资内在限制，债券市场的发展对中国直接融资发展的重要性日益提高。股票融资虽然具有无固定利息、所筹资金基本具有永久性等优势，但同时，股票融资也存在着上市时间跨度长、分散企业控制权以及融资规模、频率均受到严格控制等劣势。此外，企业股票融资规模受二级市场的影响较大，在二级市场行情较差时，股票融资难度较大。以 2007 ~ 2008 年为例，2007 年三季度，上证综指经历了中国有史以来最大一次上涨行情，同期，股票净融资规模同比大幅增加。而伴随着 2007 ~ 2008 年股指大跌，中国股票净融资同比增幅由正转负，大幅减少。从股票融资与信贷融资的比例看，近些年，中国企业股票融资与信贷融资比例一直较为稳定，除 2007 年外，均低于 4%。由此可见，股票融资很难以承担进一步提高中国直接融资比重的重任。

与股票融资相比，债券融资具有发行手续简便、融资成本比低以及债券融资不涉及公司所有权的转移等优势。因此，通过债券市场融资成为许多企业最佳的直接融资方式之一，债券融资在直接融资中的占比持续增加，特别是从 2008 年开始，债券融资的比重一直高于股票融资，2011 年底，债券融资在直接融资的比重达到 75.7%，债券融资已经成为中国企业直接融资的主渠道，对未来中国提高直接融资比重的重要性日益凸显。根据人民银行数据，2002 ~ 2006 这五年时间，社会融资总量中

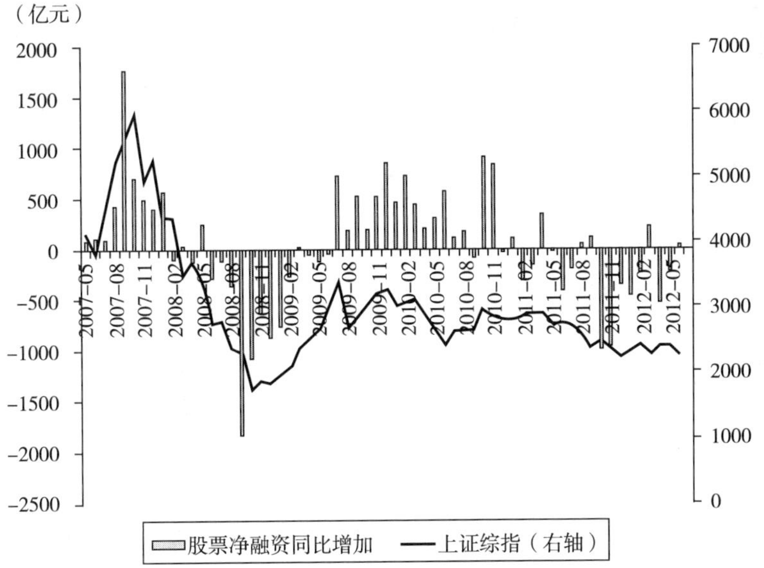

图5　股票融资额与市场环境的关系

资料来源：Wind资讯。

仅有2.79%由债券市场提供，股票市场提供资金比重为2.32%，二者差别不大；在2007～2011年这一时期，社会融资总量中由债券市场提供的占到了8.61%，股票融资比重也有所提高，但仅为4.23%，二者差距逐步拉大；到2012年一季度，债券净融资规模占全部融资的比重进一步提高到10.18%，而股票融资规模则下降至2.25%。债券市场自身成长的同时，也为实体经济提供了大量的资金支持，并且成为解决社会各类主体资金需求日益重要的渠道。

表4　直接债务融资和股票融资在社会融资总量中的占比情况

	2002～2006年		2007～2011年	
	规模（亿元）	占比（%）	规模（亿元）	占比（%）
社会融资规模	15157.78	—	53956.61	—
企业债券净融资	423.16	2.79	4647.33	8.61
非金融企业股票融资	351.82	2.32	2283.23	4.23

数据来源：人民银行，NAFMII数据库。

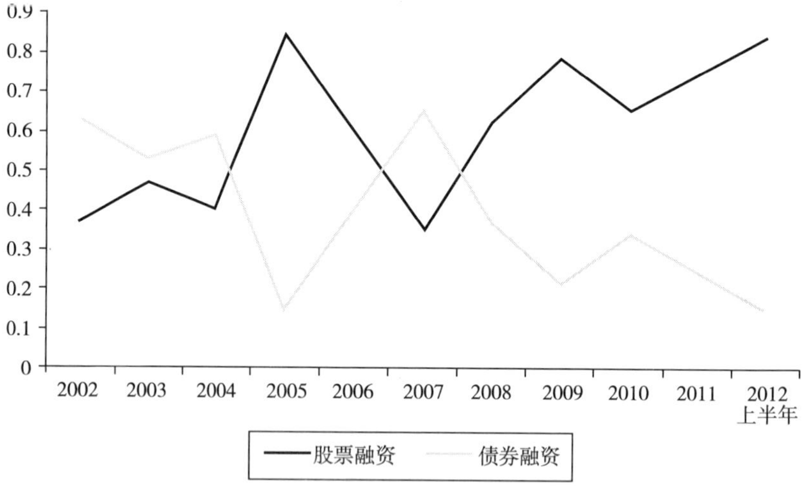

图6 股票融资和债券融资在直接融资中占比（%）

资料来源：Wind 资讯。

二、中国信用债券市场的发展状况

作为直接融资的重要渠道，信用类债券融资在国民经济运行中发挥着重要作用，随着中国信用债券市场的发展，企业融资结构逐步改善，市场资源配置功能日益优化。从进一步完善中国金融体系的角度出发，未来中国信用债券市场具有相当大的发展空间。

1. 信用债券市场格局

中国信用债主要包括商业银行债、非银行金融机构债以及非金融企业债券，其中，非金融企业债券主要包括企业债、集合债、短期融资券、中期票据、集合票据、公司债、可转债等债券品种，发行者主要为非金融企业，主要在银行间市场、交易所以及柜台交易。近年来，中国信用债市场取得了快速发展。从市场格局上看，无论从当年发行量还是存量看，非金融企业债券都占绝对地位，而短期融资券、中期票据以及企业债是非金融企业债券中的主要品种。从债券存量情况看，中国非金融企业债券在所有债券存量中的比重较高，截至 2011 年底，该比重达到 19.72%，明显高于巴西、印度等新兴市场国家水平，与美国、德国等债券大国企业债券相比，企业债占比仍然相对较高。

表 5　　部分国家国内债券构成情况①（截至 2011 年底）

国家	政府债占比（%）	金融债占比（%）	企业债占比（%）	债券存量（10 亿美元）
中国	45.11	35.17	19.72	3344.77
法国	52.66	39.02	8.32	3307.605
德国	69.14	17.36	13.50	2534.176
日本	85.52	8.16	6.31	14952.482
美国	48.85	38.77	12.38	26333.079
巴西	64.29	34.97	0.74	1488.778
印度	85.85	10.62	3.53	596.114

资料来源：BIS。

从托管量上看，2005 年之前，中国非金融企业债券余额占人民币债券总额的比重一直维持在 3% 以下。2005 年以来，非金融企业债券托管量占比快速上升，截至 2012 年上半年，占比达到 23.19%。在非金融企业债券产品内部，企业债、可转债的存量占比一直呈下降趋势，而中期票据、公司债和超短期融资券的存量占比近些年来稳步提升。此外，集合票据、集合债等产品目前的市场存量较小，其中，集合票据的存量占比在 1% 以，而集合债的占比则在 0.1% 以下。

从发行量看，中国非金融企业债券的发行规模稳步增加，发行量 2000 年仅为 113.8 亿元，2011 年则达到 2.26 万亿，增加了近 200 倍，占 GDP 的比重也由 2000 年的 0.11% 上升到 2011 年底的 4.79%。从 2000 年至 2012 年 6 月，中国所发行的非金融企业债券中，短期融资券，中期票据和企业债的占比最大，分别占 39.72%、29.26% 以及 18.76%，其余券种占总发行量的 12.36%。

---

① 为了保证比较的一致性，此处统一使用世界清算银行的数据。

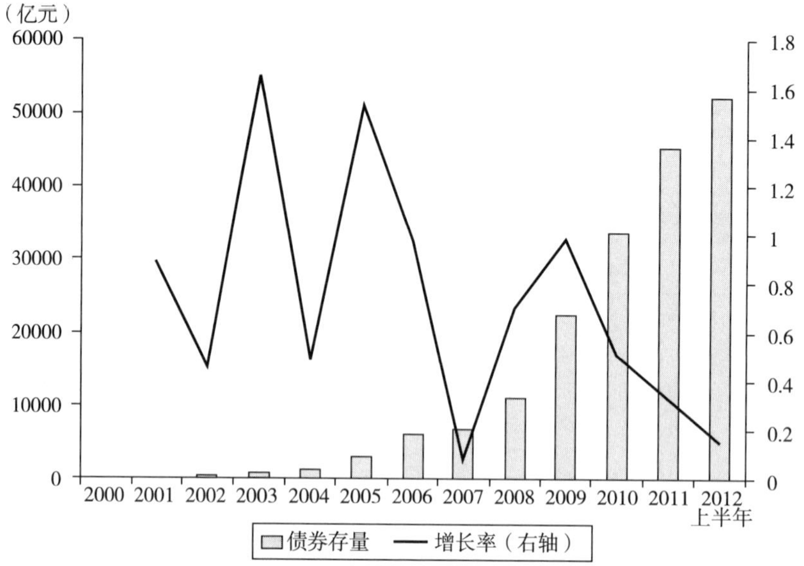

图 7　中国历年非金融企业债券存量情况

资料来源：Wind。

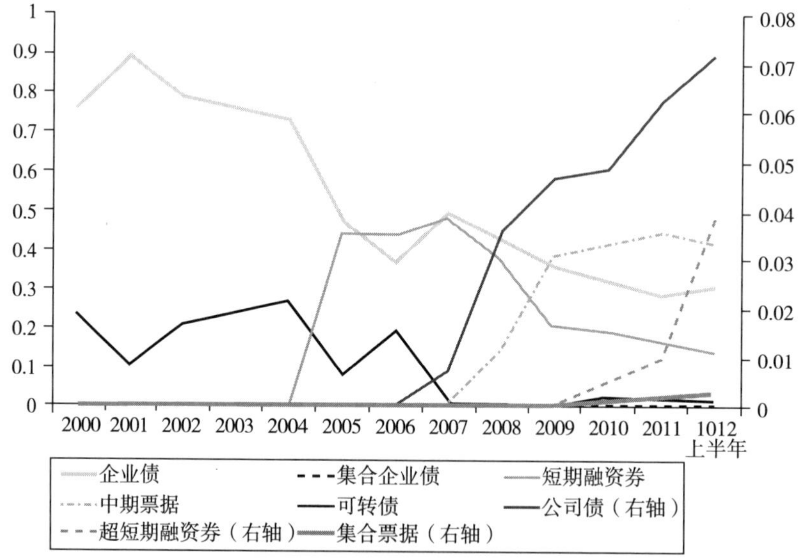

图 8　中国历年非金融企业债券存量占比情况

资料来源：Wind。

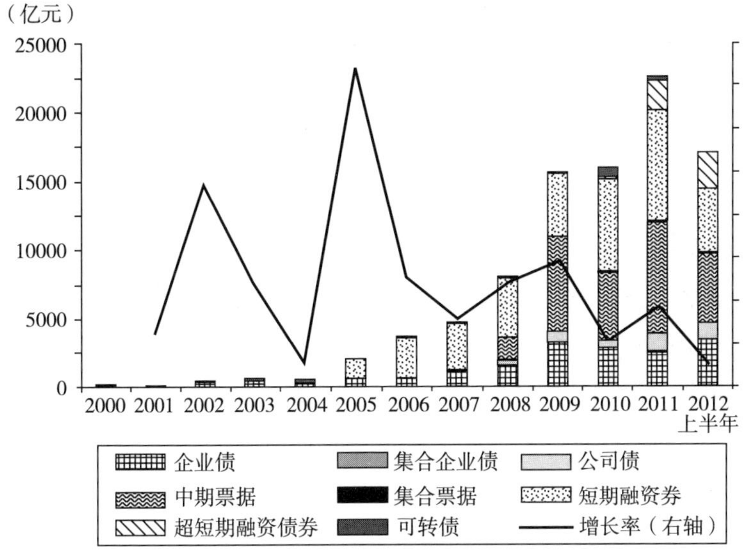

图 9　中国历年非金融企业债券发行情况

资料来源：Wind。

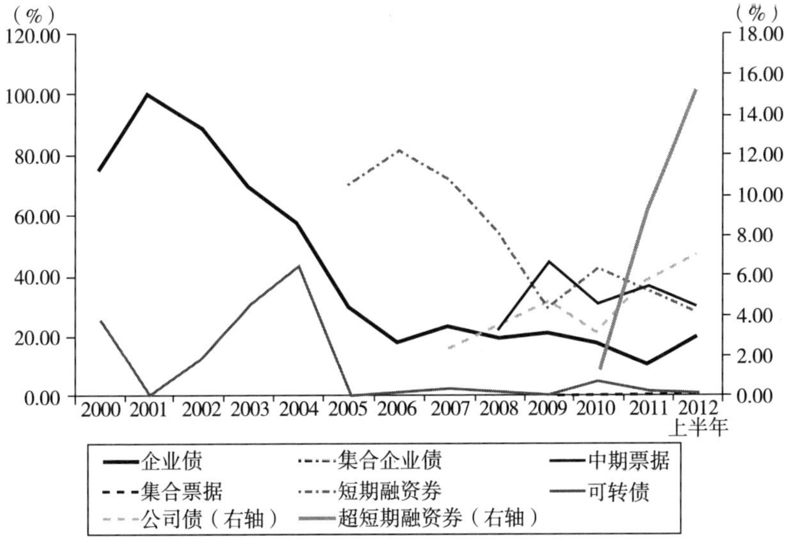

图 10　中国历年非金融企业债券发行占比

资料来源：Wind。

2. 产品结构

目前，中国非金融企业债券市场期限结构覆盖面已较为完备，从1年期以下到30年，各期限均有发行，但长期债券市场规模较小。从各个券种的期限构成看：企业债是覆盖最全面的品种，从1年内到30年均有发行，最常见的是5年、7年、10年和15年；短期融资券全部为1年以内；中期票据和公司债的构成结构基本一致，中期票据集中于3年和5年，而公司债集中于5年、7年和10年。根据Wind统计，从2000年至2012年上半年，全部从已发行信用债券，从发行只数看，主要以1年期以内为主，占到发行总只数的43.54%，而10年期以上债券占总只数的比重较少，只占3.06%；从发行规模看，1年以内债券比重仍居于首位，占24.94%，此外，3～5年期债券的比重也突破了20%，达到了21.09%，而10年期以上债券发行规模占比仍较小，只有7.83%。

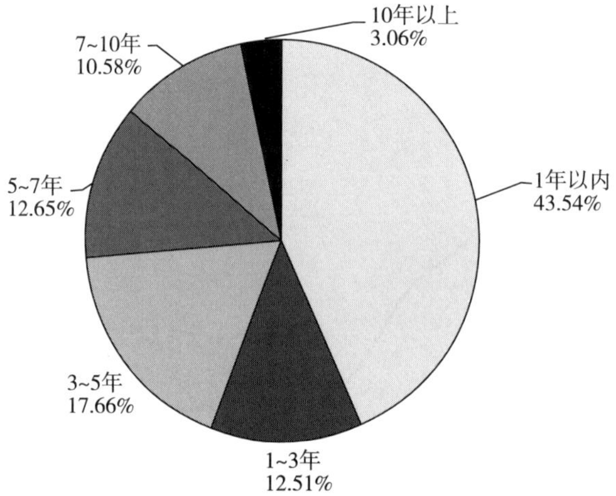

图11　非金融企业债券发行期限情况（以家数计）

资料来源：Wind。

从发债主体的级别看，中国非金融企业债券发债企业信用品质较高，已发债主体主要以AAA、AA+、AA以及AA-评级为主。从发行规模看，2000年至2012年上半年，中国非金融企业债券发行主体主要以

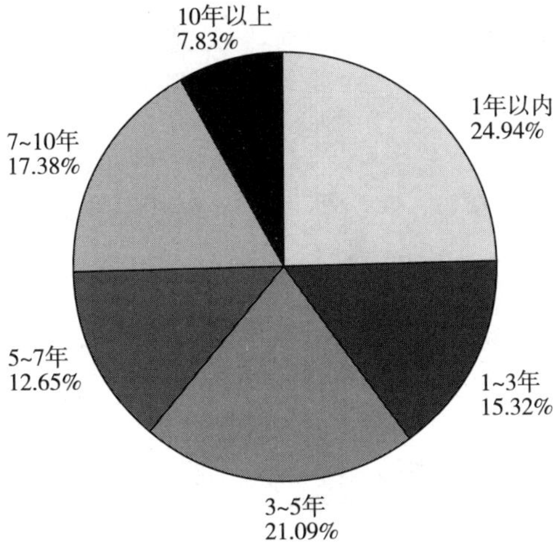

图 12　非金融企业债券发行期限情况（以规模计）

资料来源：Wind。

AAA、AA 以及 AA + 为主，三个级别发债主体发债规模占总发行规模的 89.54%，其中 AAA 级发债主体发债规模比重超过了 50%；从发债只数看，AA、AAA 以及 AA - 三个级别的发债主体占比较大，均超过了 20%，其中，AA 级发债主体的占比接近 30%。

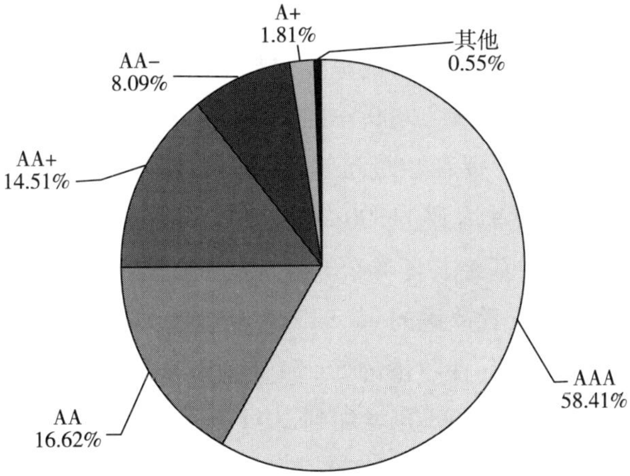

图 13　非金融企业债券发行主体级别（以规模计）

资料来源：Wind。

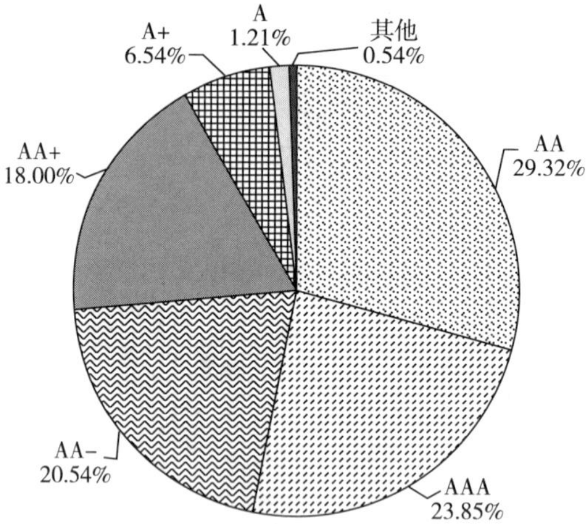

图 14　非金融企业债券发行主体级别（以家数计）

资料来源：Wind。

3. 投资者分析

近些年，中国非金融企业债券交易规模逐年扩大，除 2007 年外，历年成交规模增长率一直维持在 30% 以上。从各类产品成交规模占比看，短期融资的成交规模占比一直呈下降趋势，中期票据成交规模占比在经历了 2009 年爆发式增长后，目前呈稳定趋势，占比在 50% 左右，企业债成交规模占比在经历 2006～2009 年的下降后，开始稳步增加。

此外，中国债券投资者数量迅速扩大。以银行间市场为例，参与银行间债券市场的投资者达到 11390 家。其中，金融类机构的投资者（含商业银行、信用社、基金、证券公司、保险机构和非银行金融机构）达到 4879 家，占总投资者数量的 42.84%；非金融类投资者（具体指企业）达到 6437 家，占总投资者数量的 56.51%。15 年间，银行间债券市场的投资者数量由 1999 年的 298 家增加到 2011 年的 11390 家，增长了 37 倍。而非金融类投资者则由 2002 年的 31 家增加到 2011 年的 6437 家，增长了 207 倍。

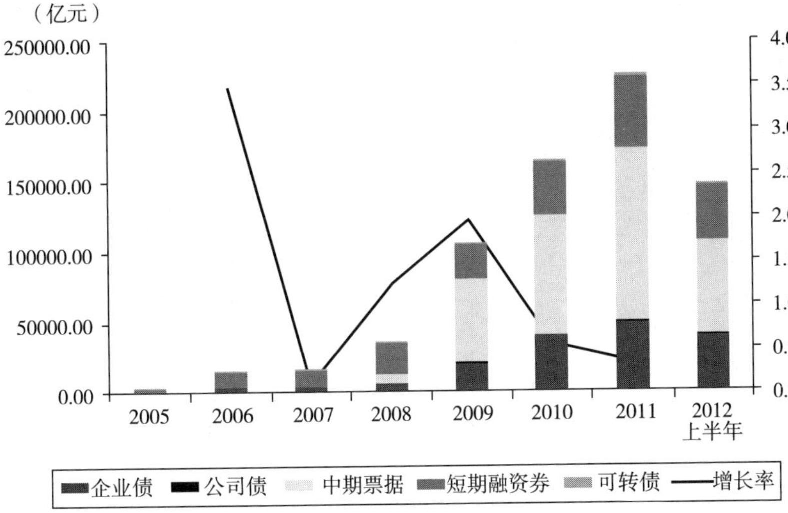

图 15　中国历年非金融企业债券交易情况

资料来源：Wind。

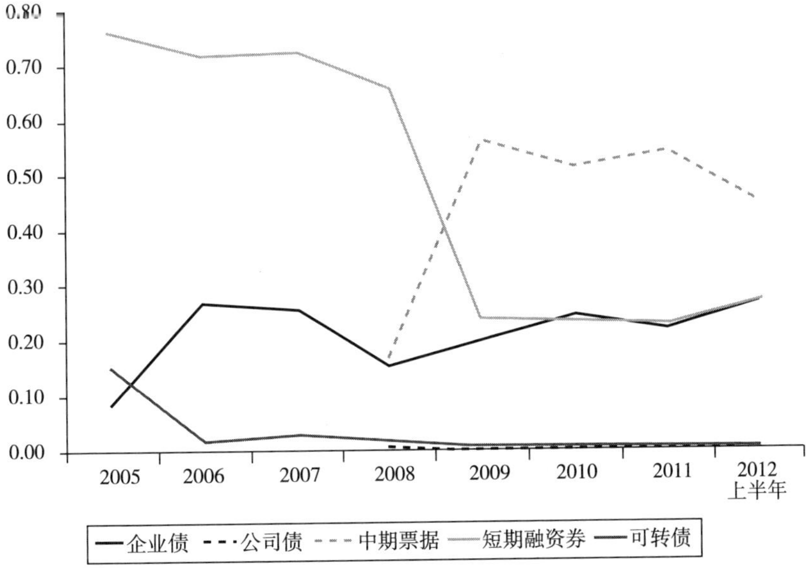

图 16　中国历年各非金融企业债券产品交易占比情况

资料来源：Wind。

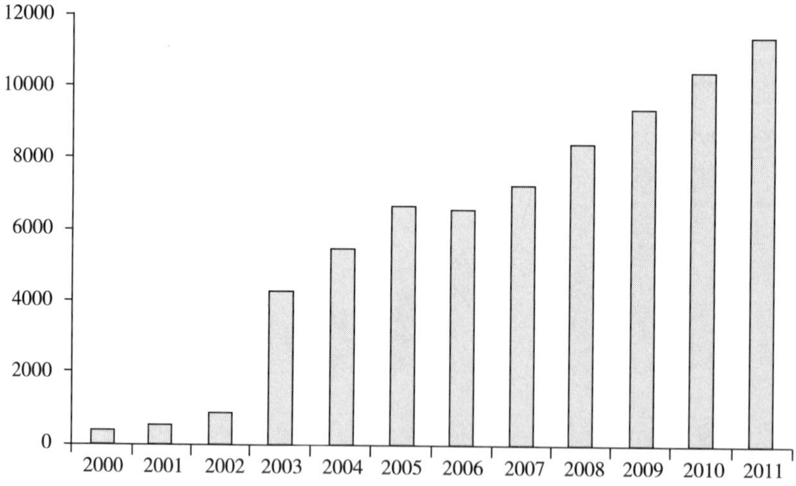

图 17　中国银行间债券市场账户数量情况

资料来源：中债信息网。

机构投资者中，商业银行占据了主体地位，商业银行所持有的债券占据了非金融企业债券市场的存量的一半以上。截至 2012 年 6 月底，在中央国债登记结算公司和上海清算所托管的非金融企业债券为 5. 08 万亿，其中，商业银行、基金公司以及保险机构主要的持有者，持有比例分别为 51. 02%、21. 70% 和 10. 22%。分产品类型看，企业债主要被商业银行、保险机构以及基金公司持有，三者分别持有企业债总规模的 39. 81%、22. 05% 和 19. 85%；短期融资券和中期票据的主要持有者是商业银行和基金公司，分别持有短期融资券总额的 59. 28% 和 30. 65%，中期票据的 62. 43% 和 25. 71%；超短期融资券主要被商业银行和非法人机构持有，商业银行和非法人机构分别持有超短期融资券总托管规模的 79. 65% 和 18. 25%。

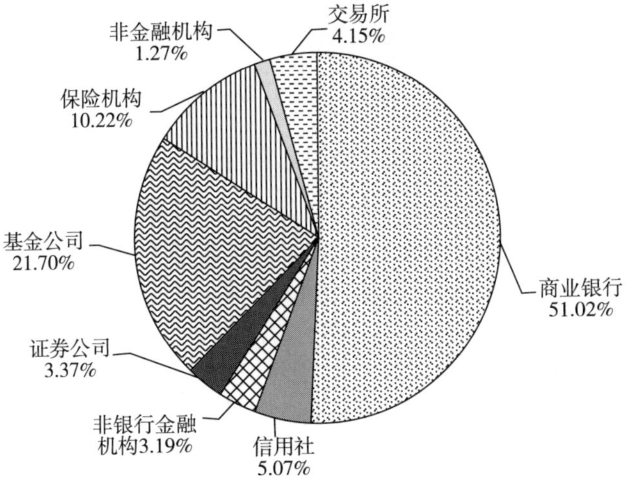

图 18　非金融企业债券持有者结构（截至 2012 年 6 月）

资料来源：中债信息网、上海清算所。

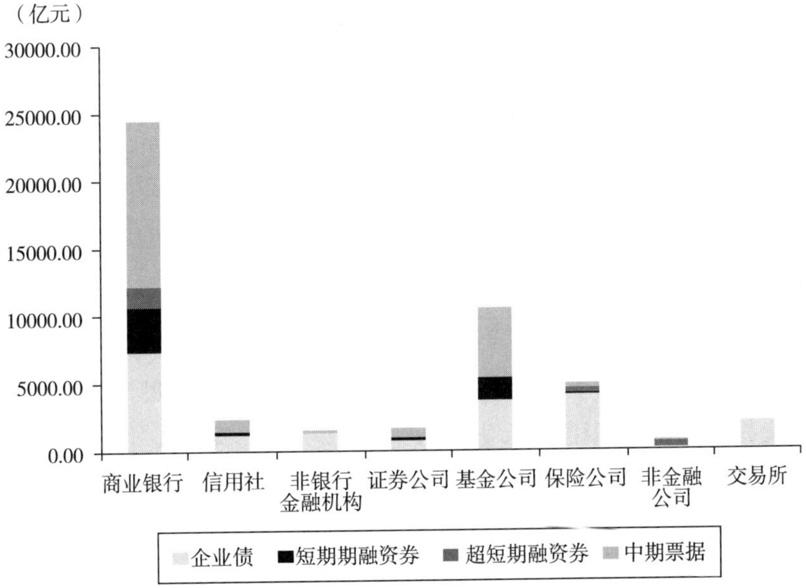

图 19　非金融企业债券投资者债券持仓情况（截至 2012 年 6 月）

资料来源：中债信息网、上海清算所。

4. 信用债券市场制度框架

（1）监管格局

我国信用债券市场监管格局经过了一个发展过程。1981 年，国债恢复发行，这是我国债券市场的开端。我国最早的信用债券是企业债，出现于 1984 年。1987 年，国务院颁布《企业债券管理暂行条例》进行规范，这是企业债规范发展的开始。在当时“大一统”的中央银行体制下，债券的转让须经人民银行审查批准，企业债券的额度审批还有国家计委的参与。1993 年 3 月，国务院修订颁布了《企业债券管理条例》，由国家计委会同人民银行、财政部、国务院证券委员会拟定企业债券发行的年度规模和各项指标，发行和交易活动由人民银行及其分支机构和证券监管机构进行监督检查。这样的管理局面，一直维持到 1999 年前后，国务院决定改由国家计委负责企业债券工作。为了推动债券市场发展，2005 年人民银行制定了《短期融资券管理办法》，企业可以通过短期融资券筹集一年期以内的短期流动资金。

2007 年，证监会颁布了《公司债券发行试点办法》并开始试点审批公司债券发行。2008 年，人民银行授权银行间市场交易商协会对非金融企业债务融资工具实施注册制管理。

经过多年发展，我国债券市场在特定条件下，债券一级市场的监管呈现出多部门监管的局面：企业债和中小企业集合债由发改委监管；公司债、可转债和中小企业集合债由证监会监管；短期融资券、中期票据和中小企业集合票据等非金融企业债务融资工具由人民银行授权银行间市场交易商协会实行注册管理。在二级交易市场，场内、场外及柜台交易分属不同主管部门监管。人民银行负责监管银行间债券市场和商业银行柜台市场，证监会负责监管交易所债券市场。

（2）发行制度

目前，中国企业债券和公司债券的发行管理方式均为核准制。其中，企业债由发改委核准债券额度并核准发行，公司债券在保留证监会发行核准权的基础上，通过建立发行保荐、债券受托管理人和债券持有人会议等一系列制度实现强化了市场化运作。非金融企业债券融资工具借鉴了发达国家发展和管理债券市场的经验，由自律组织进行自律性管理，实行注册制，由发行人提供关于债券发行本身及与债券发行有关的信息，向交易商协会申请注册发行。

表 6　各类信用债券发行的管理规章制度

债券类别	发债主体	发行适用的规章、制度
企业债	以中央国企、地方重点企业为发债主体	《企业债券管理条例》《国家发展和改革委员会关于进一步改进和加强企业债券管理工作的通知》《国家发展和改革委员会关于推进企业债券市场发展、简化发行核准程序有关事项的通知》等
公司债	以上市公司为主	《公司债券发行试点办法》《上市公司证券发行管理办法》《上海证券交易所中小企业私募债券业务试点办法》《深圳证券交易所中小企业私募债券业务试点办法》
非金融企业债务融资工具	具有法人资格的非金融企业	《银行间债券市场非金融企业债务融资工具管理办法》《银行间债券市场非金融企业短期融资券业务指引》《银行间债券市场非金融企业中期票据业务指引》《银行间债券市场中小非金融企业集合票据业务指引》以及其他相关指引

注册制与核准制最大的区别在于监管部门是否对发行对象进行实质性审核，交易商协会的注册制强调非实质性判断，即只对发行对象作形式评议，不对投资价值和投资风险作实质性判断，同时，强调投资者风险自负，投资者根据公开披露的信息作出投资判断，投资者收益完全取决于自己的专业判断，风险自负。此外，注册制强调企业充分披露信息和中介机构尽职履责，各相关主体必须遵循诚实信用原则，不得有虚假记载、误导性陈述或重大遗漏，对真实性、准确性、完整性、及时性负责。注册制强调市场自律管理，交易商协会作为市场成员代表，通过自律管理督促企业和相关中介机构规范操作、完善信息披露。

(3) 信用评级制度

中国企业信用类债券发行一般强制要求评级，具体来说，从法律层面，中国《证券法》《公司法》对评级制度有所涉及；从法规层面，相关企业债券、公司债券、非金融企业债务融资工具等各类债券的法规中都对评级有比较明确的要求；从专门的部门规章看，人民银行、证监会、保监会都出台了相关的法规，包括《中国人民银行信用评级管理指导意见》《证券市场资信评级业务管理暂行办法》《证券资信评级机构执业行为准则》《保险公司投资企业债券管理暂行办法》等；从行业标准角度，中国出台了《信贷市场和银行间债券市场信用评级规范》。

表 7　　各类信用债券法规中对信用评级的规定

信用债券类型	相关信用评级规定
企业债券	《企业债券管理条例》第十五条规定，企业发行企业债券，可以向经认可的债券评信机构申请信用评级；《国家发展和改革委员会关于进一步改进和加强企业债券管理工作的通知》第七点要求发行人应当聘请有资格的信用评级机构对其所发行的债券进行评级，第十二点要求在企业存续期内，发行人应当委托原信用评级机构每年至少进行一次跟踪评级，将评级结果报国家、省级发改委并公开披露
公司债券	《公司债券发行试点办法》第十条规定，公司债券的信用评级，应当委托经中国证监会认定、具有从事证券服务业务资格的资信评级机构进行。同时要求发债公司与资信评级机构应当约定，在债券有效存续期间，资信评级机构每年至少公告 1 次跟踪评级报告
可转债债券	《上市公司证券发行管理办法》第十七条规定，公开发行可转换公司债券，应当委托具有资格的资信评级机构进行信用评级和跟踪评级。资信评级机构每年至少公告一次跟踪评级报告
短期融资券	《银行间债券市场非金融企业债务融资工具管理办法》规定，企业发行债务融资工具应由在中国境内注册且具备债券评级资质的评级机构进行信用评级
中期票据	
中小企业集合票据	

（4）信息披露制度

对于中国债券市场而言，企业债券、债务融资工具、公司债券等几种主要非金融类企业债券信息披露均有行政监管规章这一层次的规定，其中，企业债券和公司债券的相关规定内容较为简略，由于核准制和注册制的不同性质，注册制对于债券发行的信息披露更为严格，非金融企业债务融资工具可适用的规定较为详细。目前，中国信用债券市场信息披露制度已初步形成，但随着中国信用债券市场规模不断扩大，对信息披露制度的完备性和信息披露监管的要求仍将不断深化。

表 8　　中国信用债券市场关于信息披露的法律法规

法律法规	发布部门	相关内容
《证券法》	全国人大	明确规定了公司债券信息披露的基本原则和内容，并规定了证券交易所作为上市公司及其相关信息披露的直接监管机构
《企业债券管理条例》	国务院	提出“企业发行企业债券应当公布经审批机关批准的发行章程”
《银行间债券市场非金融企业债务融资工具管理办法》	人民银行	要求企业发行债券融资工具应在银行间债券市场披露信息，信息披露应遵循诚实信用原则
《关于推进企业债券市场发展、简化发行核准程序有关事项的通知》	国家发改委	强调了企业向发改委申请发行企业债券应重视信息披露，要求凡对投资者作出购买债券决策有重大影响的信息均应该披露，发行人及参与债券发行的各方应承担相应责任
《上市公司信息披露管理办法》《公司债券试点管理办法》等	证监会	较为详尽地对公司债券信息披露进行规定
《银行间债券市场非金融企业债务融资工具信息披露规则》	交易商协会	较为详尽地对非金融企业债券融资工具的信息披露进行规定

（5）信用风险管理制度

信用风险是信用债的基本特征，随着信用债券市场的发展，产品结构多样化、投资者结构丰富化，风险管理的重要性愈加明显。通过十几年的发展，中国初步建立了以信用评级、信用增进以及信用风险转移为基础的信用风险管理市场机制。同时，市场不是万能的，监管及制度安排在中国债券市场信用风险管理体系中发挥着重要作用，特别是在市场失灵时需要监管及制度安排来辅以控制风险。

信用风险管理的市场机制。市场风险管理的市场机制主要包括信用评级、信用增进以及信用风险的转移。信用评级方面，随着信用债市场品种的丰富和交易的活跃，除了市场评级机构的信用评级外，为了有效控制信用债投资交易的信用风险，目前包括商业银行、保险公司、基金公司和证券公司在内的主要市场机构均建立了内部信用风险评估和控制体系；信用增进方式包括内部增级方式和外部增级方式，中国信用增进业务起步较晚，业务不够发达，但经过几年的发展，目前已出现了多种类型的增级方式。具体来讲，内部增级主要采用的方式有优先/次级结构、超额抵押、现金储备，外部增级主要采用的方式主要有担保和信用证；在债券的信用风险转移方面，信用衍生工具可以将信用风险进行剥离，单独进行管理或交易，从而更好地分散和转移风险，而中国缺乏信用风险转移工具，其中，资产证券化处于起步阶段，信用违约互换、抵押债务凭证等信用衍生品基本空白，而信用衍生工具的缺乏影响了中国市场化信用风险管理机制的完善。

信用风险管理的监管及制度安排。目前，中国债券市场监管除了前面已经提到的债券发行、信用评级、信息披露外，还建立了二级市场交易监管和债券持有人集体行动等保护债券持有人权益的相关制度。债券交易监管主要是通过观察异常交易事件，分析风险苗头，以防范信用风险。目前，中国银行间债券市场交易主要的监管部门为人民银行，此外交易商协会、全国银行间同业拆借中心和中央国债登记公司等一些机构也对二级市场交易进行管理。在债券持有人保护方面，中国信用债市场主要采用“债券代理人 + 债券持有人会议”制度，且债券代理人基本上由主承销商担任，为落实债券持有人保护奠定了基础。

此外，在发行人发行债券后，对发行人进行持续督导，有效应对发行人发生重大突发事件，对于防范债券的风险、促进债券市场的健康发展具有重要意义。为此，交易商协会针对非金融企业债务融资工具制定了《银行间债券市场非金融企业债务融资工具主承销商后续管理工作指引》和《银行间债券市场非金融企业债务融资工具突发事件应急管理工作指引》，建立了银行间市场非金融企业债务融资工具后续管理工作机制。《后续指引》强化了主承销商在后续管理工作中的职责，通过动态监测、风险排查和压力测试等手段进行风险管理，同时，强调了发行人、征信机构和其他中介机构的协调义务，对债务融资工具存续期间的后续管理进行制度规范。《应急指引》主要通过主动建立应急管理机制，发动以主承销商和发行人为主的应急管理主体提前准备，有效应对债务融资工具市场运行中出现的重大突发事件。

三、中国信用债券市场面临的问题及发展展望

1. 信用债市场面临的问题

近年来，中国信用债市场快速发展，为实体经济和企业筹资提供了有力的金融支持。但总的看，信用债市场发展仍显滞后，与市场主体需求相比尚存较大距离。从加快中国信用债市场发展的角度出发，目前信用债市场存在的突出矛盾和问题主要体现在以下几个方面。

第一，市场体量仍有待扩大。经过多年发展，中国直接融资在企业融资中的占比逐步提高，截至2011年底，中国非金融企业直接融资的比重达到14.6%。尽管中国直接融资体系取得了快速发展，但与发达国家相比，中国企业的融资还处于高度依赖银行的阶段。从不同方式融资规模存量看，截至2011年底，中国银行贷款余额占企业总融资余额的54%，而企业股票市值和债券余额占29%，这一比例远远低于美国和英国的73%和62%，同时也低于德国和日本。

第二，发行主体较为单一。在企业债中，中央和地方政府国有企业债比例过高，2008年底央企发债规模占70%。在短期融资券、中期票据和公司债中，国有企业也是发行主体，截至2009年10月，非国有企业发债规模不到4%。以发行金额计，美国2009年高收益债券占比达到14%。比较而言，中国企业发行的信用债评级几乎全在A以上，高收益债券发行市场尚未真正建立。大型企业在银行信贷渠道的先天优势在直接融资渠道得到了某种程度的延续，资金流向呈现出向大城市、大企业、大集团集中的趋势，中小企业利用直接债务融资仍较有限。

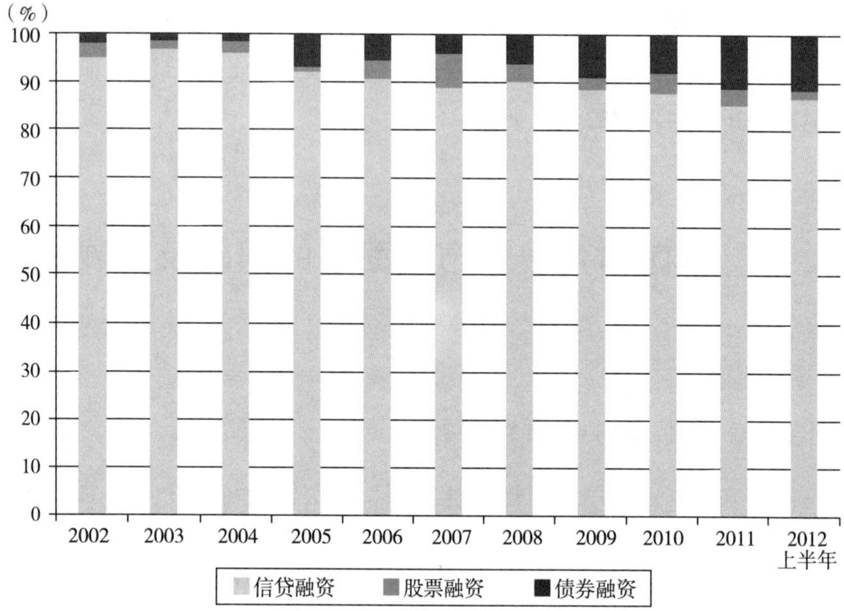

图 20　中国非金融机构各种融资模式占比

资料来源：人民银行。

第三，投资者结构问题突出。目前，信用债券市场的交易主体主要是金融机构，商业银行仍是中国债券市场的主要投资人，非金融机构进入债券市场存在一定的不便，债券市场的覆盖面受到限制。由于投资者保护不足、结构不合理、风险偏好趋同，风险仍过度集中于银行体系，而风险承担能力趋同可能在一定条件下出现“共振效应”。

第四，市场功能仍然有待发挥。债务融资工具产品同质性比较严重，市场主体的创新能力、创新动力不足，缺乏复合型结构化产品的创新，难以满足投融资数量增长与需求多样化。避险工具不足，风险分担市场机制不完善，金融衍生品市场发展仍然滞后；市场流动性有待加强，市场价格尚不能真实反映市场供求关系，收益率曲线有待进一步完善；信用评级的社会公信力还有待提高，风险定价指示性差，评级质量有待提高。

第五，市场基础设施有待改善。制约市场发展的法律、政策问题还有待解决，会计、税收等配套制度亟需根据产品创新需求进行调整；对虚假信息披露造成的违约，市场缺乏足够有力的法规制度和惩罚机制；监管思路和机制仍然以传统存贷观念为主，尚需建立一套全新市场监管机制；法律未对金融担保进行专门规定，发行定价机制有待进一步完善。

第六，市场累积风险不确定性存在隐患。随着市场的不断向纵深发展，市场参与主体范围的不断扩大，发行主体信用等级中枢会逐渐下移，债券违约风险会逐步释放。尤其是当前，受经济下行周期影响，部分企业经营难度加大，发生信用违约风险的概率在逐步加大。当前中国债券市场风险结构将加速从原来单一的利率风险结构逐渐向利率与信用风险并存的二元风险结构转变，亟需建立更为完备的制度安排和市场化的风险分散分担机制。

2. 加快推进信用债市场发展的建议

造成上述问题，既有历史原因形成的管理体制方面的制约，也有债券主体自身不足的因素。因此，加快发展仍是中国信用债市场建设的第一要义，必须尽快建立与国家经济发展相适应、与市场需求相吻合、具有国际竞争力的中国信用债市场。当前看来，应着力做好如下几个方面。

（1）理清发展思路，搞好信用债市场顶层设计及制度建设

一是合理确定市场定位，形成既遵循一般发展规律又符合中国国情的信用债市场发展模式。中国目前存在两个主要的债券市场，即银行间市场（场外市场）和交易所市场（场内市场）并行存在，在债券品种、发行和交易制度方面有不同特点。债券因其具有固定收益且回报率较低、品种期限结构复杂、对投资者专业知识要求高等特征，更适合在场外机构投资者之间开展大宗交易，发达国家场外市场交易量占比通常超过95%。场外场内市场并存、场外市场为主，是国际债券市场的普遍特征。从中国现实情况出发，不必强行实行两个市场形式上的统一，而是要坚持面向机构投资者的场外市场发展方向，尽快实现两个市场互联互通，突破托管和结算机制方面的瓶颈，实现金融资源有效配置。

二是坚持改革导向，坚定不移地完善债券发行市场化机制。债券发行的市场化，就是要减少行政审批，让企业能不能发债、能发多少债、

以什么价格发债，都更多交给市场去决定。应继续推动债券发行审批制向备案制、注册制过渡，结合市场条件逐步完善债券注册发行程序和流程。为提升注册效率、加强市场监督，应继续优化注册管理制度机制，以构建注册文件标准化体系为起点，加快推进公开信息披露平台建设，力争实现注册工作全要素、全流程的公开、透明。

三是按照市场化原则建立政府监管和行业自律相结合的监管体系。在不断改进政府监管的基础上，要切实转变市场管理方式，充分发挥自律组织作用，更好地发挥行业协会的自律职能。要加强市场自律管理，加强执业行为规范和检查，丰富自律管理手段，建立配套的自律处分体系，形成政府管理—自律管理—市场主体自我约束的多层次管理框架。要通过培训或教育服务活动，加强从业人员道德体系培育，倡导和宣传金融市场的道德伦理及法律制度，推动金融文化建设及核心价值体系培育，培育真正的“合约精神”。

（2）倡导包容增长，不断推进发行主体和发行主体多元化

一是要不断拓宽发行人主体范围。要在适应实体经济发展需要的基础上，不断增强直接债务融资市场的弹性和包容能力，为不同规模、不同类型、不同成长阶段的企业提供差异化服务，尤其是提高民营企业和中小企业发债比重。在定向发行方式框架下，通过市场化金融产品设计，拓展市场发展空间。要为具备上市可能的非上市中小企业发行可转债券，引入资产证券化技术及结构化产品设计，不断扩展市场发展规模。要根据结构调整的要求，适时研究支持实行市场化改制的学校、医院等社会公益主体发债融资的工作路径。

二是以更大决心及更多举措推进投资主体多元化。多元化的投资主体能够从更多的角度审视一项技术、一个产品、一个企业的价值，市场的选择往往更准确，更具可持续性。加强投资者培育，要丰富投资者类型，逐步提高非存款货币类机构投资人持有债券比重，有条件引入境外合格机构投资人，为年金等非法人机构投资者入市创造条件，不断丰富投资人结构。要不断丰富投资品种，吸引投资者参与，主体评级较低的企业可以通过高收益债等产品融资，利用市场充分合理定价，引导投资

人风险偏好的多元化，促进风险偏好型合格投资者队伍建设。要不断完善投资行为的制度安排，在非公开定向发行框架内引入合格机构投资人制度，拓宽市场深度和广度，提高市场流动性。要摈弃以是否金融机构“身份”进行投资者分层的制度设计，突破“非金融机构不能自营”的制度安排，改变集合类投资主体“一事一议”的准入方式，促进市场运行效率提高。要继续出台配套制度和措施，允许境外机构投资者进入国内市场进行债券投资。

（3）加大风控力度，完善市场化的信用风险防范体系建设

一是要建立健全信用风险转移和对冲机制。要在大力推动 CRM 应用的基础上，继续推动债券信用衍生产品的开发。按照“鼓励创新与防范风险并重”的原则，推出衍生程度不深、立足于管理风险而非投机需求的、较为成熟的产品，并鼓励市场成员参与其中，以适应债券市场对风险管理工具的强烈需求。从近期来看，可适时研究推出以企业债券为标的资产的信用风险管理工具，包括总收益互换等，研究推出信用履约保险产品。从长远来看，应着眼于构建包括信用债、资产支持证券、抵押债务凭证、信用衍生产品在内的完整的信用产品体系，推进多层次信用市场建设和发展。

二是要着力构建防范化解风险的债券市场安全网。在债券发行环节，探寻专业债券保险公司与一般保险公司合作模式，推动建立债券违约保险产品分保及再保险制度，完善风险分担机制。债券存续期间，加强对发行体后续督导，探索建立持续监测报告体系、风险预警指标体系及督查纠正体系；加强二级市场监测和分析，实施有限透明度下的流动性管理，建立异常交易追踪机制，开展可以交易的调查取证工作；推出人民币信用衍生品等市场风险对冲工具，完善信用风险监管。市场出现违约时，启动危机处理组织体系，运行抵押品管理、信用事件决策、危机解决和争端处理等配套机制，实现市场平稳运行。

（4）夯实发展基础，推动市场化约束机制及基础设施建设

一是建立健全市场化约束机制。加强市场化约束作用，健全承销、评级、律师、审计等中介机构责任机制，提高尽职履责和专业化水平。

强化信息披露制度建设，建立层次清晰、易于操作的信息披露制度体系，不断提高信息披露的时效性、连续性、全面性。进一步规范评级机构发展，提高信用评级质量，加强后续跟踪评估，建立及时、统一、透明的信息发布平台。完善外部环境，积极推进相关法律、会计、税收制度的修订和制定，为市场发展创造良好的外部条件。探索建立市场信息汇集加工发布体系、第三方估值等服务机制，完善场外市场发展所需的配套服务。仔细研究信用产品的特点和国内债券市场的特殊结构，推动市场基准利率体系建设，发挥市场价格发现功能。

二是加快市场基础设施建设。实践表明，交易、清算、结算和托管环节是债券市场风险防范的核心，应该吸取危机的教训，大力加强市场基础设施建设。第一，完善债券市场集中清算制度。按照先易后难、循序渐进的原则，逐步实现债券市场集中清算，充分发挥集中清算的信息集中优势，加强风险监测，防范系统性风险。第二，完善交易系统、清算系统、托管系统，提高市场效率。借鉴国际市场经验，结合中国市场发展实际，继续完善债券市场交易系统和托管结算系统，提高市场效率；改进交易所市场证券托管结算制度，防范系统性风险。

佘桂荣 中国银行间市场交易商协会综合部项目主管，金融学博士

杜海容 中债资信评估有限责任公司分析师

企业债券融资实务

◎黄　嵩

目前中国企业债券融资的四种主要方式是：企业债券（狭义）、公司债券、中期票据和短期融资券。

一、企业债券（狭义）

1. 企业债券概述

企业债券，是指企业依照法定程序公开发行并约定在一定期限内还本付息的有价证券，包括依照公司法设立的公司发行的公司债券和其他企业发行的企业债券。这里的企业债券是狭义的企业债券，指由发改委审核批准发行的企业债券，不包括由证监会审核批准的上市公司发行的公司债券。

2. 发行企业债券的条件

发行企业债券，需满足以下条件。

第一，股份有限公司的净资产不低于人民币3000万元，有限责任公司和其他类型企业的净资产不低于人民币6000万元。

第二，累计债券余额不超过企业净资产（不包括少数股东权益）的40%。

第三，最近三年平均可分配利润（净利润）足以支付企业债券一年的利息。

第四，筹集资金的投向符合国家产业政策和行业发展方向，所需相关手续齐全。用于固定资产投资项目的，应符合固定资产投资项目资本金制度的要求，原则上累计发行额不得超过该项目总投资的60%。用于收购产权（股权）的，比照该比例执行。用于调整债务结构的，不受该比例限制，但企业应提供银行同意以债还贷的证明；用于补充营运资金的，不超过发债总额的20%。

第五，债券的利率由企业根据市场情况确定，但不得超过国务院限定的利率水平。

第六，已发行的企业债券或者其他债务未处于违约或者延迟支付本息的状态。

第七，最近三年没有重大违法违规行为。

3. 发行企业债券的程序

发行企业债券的流程一般包括以下八个步骤。

第一，作出发行债券的决议。决议包括：发行债券的名称、债券募集资金的用途、债券总额和债券的票面金额、债券利率的确定方式、还本付息的期限和方式、债券的发行价格、发行的起止日期等内容。

第二，制定发行债券的章程。债券发行章程应包括以下内容：发行企业的名称、地址及承销法人代表；发行企业的经营管理情况简介；发行企业的自有资产净值；发行债券的目的、用途；发行债券的效益预测；

发行债券的总面额、票面额及发行价格；债券的票面利率、期限及还本付息的方式；债券发行的对象及地区范围；债券发行的起止日期；承销机构的名称、地址及承销方式；债券还本付息的资金来源及担保者；其他需要说明的事项等。

第三，办理债券等级评定手续。发行企业应向债券管理部门指定的资信评估机构申请办理债券等级评定手续。一般只有在资信评估机构出具的债券等级证明为A级以上时，才允许企业正式提出发行申请。债券的信用等级对于发行企业和债券购买者都具有重要影响。

第四，提出发行债券申请。有项目和符合一定条件的企业将发行债券申请通过当地发改委向上一级发改委逐级申报，省发改委对所有符合条件的企业根据项目情况进行初选，并上报国家发改委。对认定比较好的企业要到实地落实担保情况和项目进展情况，再正式报批国家发改委，并当面进行汇报。未经批准，企业不得发行债券。管理部门依据法律、法规对债券发行申请予以审查。对符合法律规定的债券批准发行；对已作出的批准，若发现不符合法律规定的应予撤销，尚未发行的企业债券停止发行，已经发行的企业应向认购人退还所缴款项并加算银行同期利息。

第五，公告债券募集办法。根据我国法律的规定，企业债券募集办法中应当载明下列主要事项：企业名称；债券总额和债券的票面金额；债券的利率；还本付息的期限与方式；债券发行的起止日期；企业净资产额；已发行而尚未到期的企业债券总额；企业债券的承销机构等。企业制定好债券募集办法后，应按当时和当地通行、合理的方法向社会公告。

第六，签订承销合同。在承销合同中应载明以下主要事项：当事人、双方的名称、地址及法人代表；承销债券的名称、总面额及发行价格；承销方式；债券发行及承销的起止日期；承销付款的日期及方式；承销商收取的费用额及支付日期与支付方式；未售出债券的处理方法；违约责任；其他需要约定的事项等。

第七，发售债券。承销机构按照合同规定，在发行期内向投资者发售债券。投资者直接向承销机构付款购买，承销机构代为收取债券款，交付债券。企业债券应在置备的企业债券存根簿中登记有关事项。

第八，收进债券款。到债券发售期截止日，扣除承销机构应得的手续费后，发行企业向承销机构收缴债券款项，债券发行即告结束。

企业债券的案例参见本书《中国长江三峡集团公司债券融资》一文。

二、公司债券

1. 公司债券概述

公司债券是指上市公司依照法定程序发行、约定在一年以上期限内还本付息的有价证券。

公司债券的发行条款主要有如下要求。

第一，面值与定价。公司债券每张面值100元，发行价格由上市公司与作为保荐人的证券公司通过市场询价确定。

第二，信用评级。公司债券的信用评级，在债券有效存续期间，资信评级机构每年至少公告1次跟踪评级报告。

第三，债券的担保。对公司债券发行没有强制性担保要求。若为公司债券提供担保，则应当符合下列规定：担保范围包括债券的本金及利息、违约金、损害赔偿金和实现债权的费用；以保证方式提供担保的，应当为连带责任保证，且保证人资产质量良好；设定担保的，担保财产权属应当清晰，尚未被设定担保或者采取保全措施，且担保财产的价值经有资格的资产评估机构评估不低于担保金额；符合《物权法》、《担保法》和其他有关法律、法规的规定。

2. 发行公司债券的条件

上市公司发行公司债券，应当符合下列条件。

第一，公司的生产经营符合法律、行政法规和公司章程的规定，符合国家产业政策。

第二，公司内部控制制度健全，内部控制制度的完整性、合理性、有效性不存在重大缺陷。

第三，经资信评级机构评级，债券信用级别良好。

第四，公司最近一期末经审计的净资产额应符合法律、行政法规和中国证监会的有关规定。

第五，最近三个会计年度实现的年均可分配利润不少于公司债券一年的利息。

第六，本次发行后累计公司债券余额不超过最近一期末净资产额的40%；金融类公司的累计公司债券余额按金融企业的有关规定计算。

3. 发行公司债券的程序

上市公司发行公司债券的流程主要包括以下四个步骤。

第一，聘请中介机构。上市公司发行公司债券，必须聘请证券公司担任保荐人，其他还需聘请的中介机构包括会计师事务所、资产评估事务所、资信评级机构、律师事务所等。

第二，公司决议。上市公司申请发行公司债券，应当由公司董事会制定方案，由股东大会对下列事项作出决议：发行债券的数量；向公司股东配售的安排；债券期限；募集资金的用途；决议的有效期；对董事会的授权事项；其他需要明确的事项。

第三，申报与核准。作出决议后，上市公司和保荐人照中国证监会的有关规定编制和报送发行申请文件。中国证监会依照下列程序审核发行公司债券的申请：收到申请文件后，五个工作日内决定是否受理；中国证监会受理后，对申请文件进行初审；发行审核委员会按照《中国证券监督管理委员会发行审核委员会办法》规定的特别程序审核申请文件；中国证监会作出核准或者不予核准的决定。

第四，发行并上市。发行公司债券，可以申请一次核准，分期发行。自中国证监会核准发行之日起，公司应在六个月内首期发行，剩余数量应当在二十四个月内发行完毕。首期发行数量应当不少于总发行数量的50%，剩余各期发行的数量由公司自行确定。公司债券发行后，可以在证券交易所挂牌交易，也可以进入银行间债券交易市场交易流通。

案例1 苏州高新公司债券融资

苏州新区高新技术产业股份有限公司是一家上市公司，股票简称：苏州高新，股票代码：600736。苏州高新经营范围为：高新技术产品的投资、开发和生产，能源、交通、通讯等基础产业、市政基础设施的投资，工程设计、施工，科技咨询服务。苏州高新主要从事商品房开发、动迁房建设、商业地产开发、房产租赁在内的房地产业务及污水处理等基础设施经营和旅游服务等三大业务，目前业务区域主要集中在苏州高新区。

2009年11月9日，苏州高新成功发行规模为10亿元的公司债券。

（1）公司债券的基本情况

此次公司债券的基本情况见表1。

表1　苏州高新公司债券的基本情况

债券名称	2009年苏州新区高新技术产业股份有限公司公司债券
债券简称	09苏高新
债券代码	122035
发行总额	人民币10亿元
面值	人民币100元
期限	存续期限为5年，第3年末附发行人上调票面利率选择权和投资者回售选择权
债券发行批准	经中国证监会证监许可［2009］976号文核准公开发行
发行价格	按面值平价发行
债券利率	本次债券票面利率为5.5%，在债券存续期限前3年固定不变；如发行人行使上调票面利率选择权，未被回售部分债券存续期限后2年票面年利率为债券存续期限前3年票面年利率加上调基点，在债券存续期限后2年固定不变。本次债券采用单利按年计息，不计复利
债券形式	实名制记账式公司债券
信用级别	AA
评级机构	中诚信证券评估有限公司
交易流通	上海证券交易所

(2) 募集资金运用

苏州高新将本次债券募集资金全部用于偿还商业银行贷款，该资金使用计划将有利于调整并优化公司负债结构。截至2009年9月30日，发行人母公司短期借款为24.9亿元，长期借款为2.5亿元，考虑到募集资金实际到位时间无法确切估计，公司将本着有利于优化公司债务结构、尽可能节省公司利息费用的原则灵活安排偿还公司所借银行贷款。

(3) 公司债券发行对苏州高新的积极意义

此次公司债券的发行，在以下两个方面对苏州高新有积极意义。

第一，改善苏州高新的负债结构。本次债券发行完成且募集资金运用后，苏州高新合并报表的资产负债率水平将保持2009年9月30日的74.03%不变。长期负债占总负债的比例由2009年9月30日的21.26%增至32.36%。由于长期债权融资比例有较大幅度的提高，苏州高新的债务结构将逐步得到改善。

第二，增强苏州高新的短期偿债能力。本次债券发行完成且募集资金运用后，苏州高新合并报表的流动比率及速动比率将分别由2009年9月30日的1.45及0.37增加至1.68及0.43。流动比率和速动比率均有了较为明显的提高，流动资产对于流动负债的覆盖能力得到提升，苏州高新的短期偿债能力增强。

三、中期票据

1. 中期票据概述

中期票据是指具有法人资格的非金融企业在银行间债券市场按照计

划分期发行的，约定在一定期限还本付息的债务融资工具。中国银行间市场交易商协会负责受理债务融资工具的发行注册。

中期票据具有如下特点及功能。

第一，中期票据可用于中长期流动资金、置换银行借款、项目建设等。

第二，中期票据的发行期限在1年以上。

第三，中期票据最大注册额度为企业净资产40%。

第四，中期票据主要是信用发行，接受担保增信。

第五，发行体制比较市场化，发行审核方式为注册制，一次注册通过，在两年内可分次发行。

第六，发行定价比较市场化，中期票据发行利率的确定主要依据当期市场利率水平。

第七，企业既可选择发行固定利率中期票据，也可选择发行浮动利率中期票据。

企业发行中期票据有以下优势。

第一，与同期贷款利率相比，具有一定的成本优势。

第二，一次注册可分期发行，发行方式较为灵活。

第三，通过直接融资的价格发现机制，能够彰显发行企业自身良好的信用能力。

2. 发行中期票据的条件

在我国，非金融企业发行中期票据应当满足下列条件。

第一，在中华人民共和国境内依法设立的企业法人。

第二，具有稳定的偿债资金来源，最近一个会计年度盈利。

第三，应依据《银行间债券市场非金融企业债务融资工具注册规则》在交易商协会注册。

第四，中期票据待偿还余额不得超过企业净资产的40%。

第五，流动性良好，具有较强的到期偿债能力。

第六，发行融资券募集的资金用于本企业生产经营。

第七，近三年没有违法和重大违规行为。

第八，近三年发行的融资券没有延迟支付本息的情形。

第九，具有健全的内部管理体系和募集资金的使用偿付管理制度。

第十，人民银行规定的其他条件。

3. 发行中期票据的程序

企业发行中期票据主要包括以下几个步骤。

第一，选择主承销商等中介机构。其他还需聘请的中介机构包括会计师事务所、资产评估事务所、资信评级机构、律师事务所等。

第二，配合主承销商开展尽职调查。

第三，确定发行方案。根据企业资金安排和债券市场情况，与主承销商共同确定发行方案。

第四，制作有关文件。主承销商协助发行人准备相关注册材料，然后主承销商组建承销团成员。

第五，向交易商协会提交注册材料。企业将注册文件报送交易商协会注册办公室，按照注册办公室要求解释，补充注册文件。

第六，注册会议决定批准与否。由随机抽取的5名注册委员会对是否接受企业发行注册作出独立判断。

第七，批准后组织发行。发行人与承销商协商发行日期，并将相关发行文件上网公告，主承销商进行簿记建档工作。

案例2 一汽集团中期票据融资

中国第一汽车集团公司是中国三大汽车集团之一，具有生产各类汽车的能力。拥有从汽车研发、整车生产、零部件供应、汽车金融到汽车贸易的完整产业链。

2009年3月9日，一汽集团成功发行规模为100亿元的中期票据。此项融资，是一汽集团的第一次利用债券市场进行融资。

（1）中期票据的基本情况

此次中期票据的基本情况见表2。

表2　一汽集团中期票据的基本情况

债券名称	中国第一汽车集团公司2009年度第一期中期票据
债券简称	09一汽MTN1
发行总额	人民币100亿元
债券期限	5年
票面年利率	3.53%
付息频率	12月/次
计息方式	附息式（固定利率）
信用评级	AAA
评级机构	中诚信国际信用评级有限责任公司

（2）募集资金运用

①募集资金目的。

第一，降低财务费用，优化债务结构。一汽集团发行中期票据募集资金可以有效地降低企业融资成本，提高直接融资比例，合理调整债务到期时间，改善债务结构。

第二，拓宽融资渠道，增加抗风险能力。一汽集团发行中期票据可以有效地拓宽企业筹资渠道，规避筹资风险，保证现金流持续、稳定、畅通，增强企业抗风险能力。

②募集资金用途。

第一，偿还银行贷款。截至2008年9月30日，一汽集团的银行贷款合计111.41亿，其中母公司银行贷款合计52.2亿元。本次中期票据发行所募集资金的60%，即人民币60亿元用于归还银行贷款，以改善资产负债结构，降低财务成本。

第二，其他用途。近年来随着一汽集团各品牌业务快速发展，产销量大幅上升，周转资金规模日益增加。截至2008年9月30日，一汽集团合并应付账款232.84亿元，原材料付款信用期由2007年末的平均 60 天上升到平均 75 天左右，为缩短付款期限，缓解供应商资金压力，经测算，所需资金约为 46 亿元。一汽集团拟通过本期票据发行所募集资金的 40%，即人民币 40 亿元用于原材料采购付款，以保障营运资金需求。

（3）偿债计划

①经营活动净现金流是偿付本期中期票据的根本来源。一汽集团主营业务收入较高，经营性净现金流金额较大，2007 年和 2008 年 1～9 月经营性净现金流分别为 106.5 亿元和 33.51 亿元。经营活动净现金流是偿付中期票据的根本来源。

②良好的资信状况，较强的融资能力是到期还款的有力保障。一汽集团与国内主要银行均保持着良好的合作关系，截至 2008 年末，一汽集团共获得主要合作银行的授信额度约 897.6 亿元，未使用授信额度合计 767.9 亿元。良好的资信状况，较强的融资能力，为一汽集团偿还本期中期票据提供了有力的保障。

③一汽集团已对本期中期票据所募集资金的使用制定了相应的内部管理制度。

四、短期融资券

1. 短期融资券概述

短期融资券是指具有法人资格的非金融企业在银行间债券市场发行的，约定在 1 年内还本付息的债务融资工具。中国银行间市场交易商协会（以下简称交易商协会）负责受理债务融资工具的发行注册。

短期融资券具有如下特点和功能。

第一，短期融资券可用于流动资金周转、置换银行借款。

第二，短期融资券的发行期限最长不超过 365 天。

第三，短期融资券的最大注册额度为企业净资产的 40%。

第四，短期融资券主要是信用发行，接受担保增信。

第五，发行体制比较市场化，发行审核方式为注册制，一次注册通过，在两年内可分次发行。

第六，发行定价比较市场化，短期融资券发行利率的确定主要依据当期市场利率水平。

短期融资券具有如下优势。

第一，与短期贷款利率相比，具有一定的成本优势。

第二，一次注册可分期发行，发行方式较为灵活。

第三，通过直接融资的价格发现机制，能够彰显发行企业自身良好的信用能力。

2. 发行短期融资券的条件

在我国，非金融企业发行短期融资券应当满足下列条件。

第一，是在中华人民共和国境内依法设立的企业法人。

第二，具有稳定的偿债资金来源，最近一个会计年度盈利。

第三，流动性良好，具有较强的到期偿债能力。

第四，发行融资券募集的资金用于本企业生产经营。

第五，近三年没有违法和重大违规行为。

第六，近三年发行的融资券没有延迟支付本息的情形。

第七，具有健全的内部管理体系和募集资金的使用偿付管理制度。

第八，中国人民银行规定的其他条件。

3. 发行短期融资券程序

企业发行短期融资券主要包括以下步骤。

第一，选择主承销商等中介机构。其他还需聘请的中介机构包括会计师事务所、资产评估事务所、资信评级机构、律师事务所等。

第二，主承销商协助企业准备相关材料。主承销商根据企业现金流状况，与企业共同商讨确定当年融资券发行总额度，并按照《企业短期融资券管理办法》要求，协助企业尽快准备向中国人民银行备案需要提交的各项材料。

第三，材料上报人民银行备案审批。中国人民银行自受理符合要求的备案材料之日起 20 个工作日内，根据规定的条件和程序对企业发行融资券进行备案，并下达备案通知书。

第四，融资券发行。接到人行备案通知书后，由主承销商组织承销团，根据企业现金流要求，确定各期融资券发行时间或自主选择发行时机，根据发行时机及对未来利率走势的判断，确定发行的期限品种。

第五，发行工作结束后的信息披露等后续工作。融资券在债权债务登记日的次一工作日，即可以在全国银行间债券市场流通转让。主承销商等协助做市，进一步加强所承销企业短期融资券的流动性，并按照规定进行信息披露。

第六，到期按时还本付息。企业应当在融资券本息兑付日 5 个工作日前，通过中国货币网和中国债券信息网公布本金兑付和付息事项。企业须按照规定的程序和期限，将兑付资金及时足额划入中央结算公司指定的资金账户，由中央结算公司向融资券投资人支付本息。主承销商需在融资券兑付工作结束后 10 个工作日内，将融资券兑付情况书面报告中国人民银行。

案例3 **横店集团短期融资券融资**

横店集团控股有限公司，是一家以电子电气、医药化工和影视娱乐为主导产业的特大型民营企业集团。

2005 年 11 月 10 日，横店集团成功发行规模为 10 亿元的短期融资券，成为首家发行短期融资券的民营企业。

（1）横店集团具备发行短期融资券的实力

2005年5月24日，中国人民银行发布相关法规，允许符合条件的企业在银行间债券市场向合格机构投资者发行短期融资券，我国企业短期融资券市场正式启动。

作为一种新的融资工具，短期融资券具有实行备案制、无需担保、定价市场化、发行程序简便等优点，因此，受到企业和市场投资者的推崇。同时，这些特点也决定了发债企业应有较高的市场信用评级，企业资产须具有较强的流动性以保证其偿债能力。这也是自2005年5月首批短期融资券发行后半年内，发行主体主要集中于具有大型中央企业背景的企业的重要原因。

而横店集团作为一家民营企业，成功发行短期融资券，拔得民营企业发行短期融资券的头彩，无疑与其本身企业实力是分不开的。

①收入与盈利能力分析。

2002～2004年，横店集团的主营业务收入和净利润无论在规模上还是增长速度上，都非常可观（见表3）。

表3　　2002～2004年横店集团的主营业务收入与净利润　单位：亿元

	2002年	2003年	2004年
主营业务收入	56.58	70.86	84.41
净利润	6.07	6.81	7.13

总体来看，横店集团的主营业务收入实现以年均20%的速度增长，而且随着三大主题公园的建设，预计公司影视基地拍摄、影视旅游以及影视制作的收入将会大幅提高，影视板块的毛利率将会继续上升，从而将带动公司主营业务收入增加，公司盈利水平将保持快速增长态势。

②短期偿债能力分析。

另外，短期融资券作为短期融资工具，对企业资产的流动性有更高要求，因此我们进一步分析横店集团短期偿债能力（见表4）。

表 4　　2002~2004 年横店集团短期偿债能力财务指标

	2002 年	2003 年	2004 年
资产负债率	51.62%	52.10%	51.65%
流动比率	1.30	1.26	1.21
速动比率	1.12	1.09	1.02
利息保障倍数	2.24	2.84	2.89

从资产负债率来看，2002~2004 年，横店集团为满足公司业务的发展，通过短期借款的周转和信贷规模的扩大来满足资金需求。在负债规模扩大的同时，因公司经营状况良好，主营业务收入增长迅速，盈利能力提高，公司总资产和总负债基本同步上升，从而使公司的资产负债率处于平稳态势，一直保持在适中水平。

从流动比率和速动比率来看，2002~2004 年，虽然略有下降，但均保持在安全水平之上。

从利息保障倍数来看，2002~2004 年，横店集团的经营性净现金流保持在较高的水平且增长迅速，因此，具有较高的利息保障倍数。

另外，在短期融资券发行前，横店集团尚余各类银行授信额度 10.8 亿，总体上，公司外部资金来源较为充足，良好的外部融资能力为企业发行短期融资券提供了良好的条件。

以上分析表明，横店集团具有较强的短期偿债能力。

③偿债计划和偿债保障措施。

为了履行短期融资券到期偿还本息的义务，公司还制订了详细的偿债计划，采取了多项有效的偿债保障措施。

偿债计划为：还款前 5 个月起，横店集团每月从经营性现金流中提取一定比例的偿债准备金，用于支付融资券到期本息，并通过调整资金流出规模，提高盈余资金数量，进一步确保偿债能力。

偿债保障措施为：横店集团承诺待公司发行短期融资券成功后，将加强对所融资金使用和公司日常经营的监控，并努力通过提高营运效率以弥补公司流动资金的不足。同时，公司将继续严格执行财务管理制度，加强对下属企业财务的集约管理，改善公司资产的质量，特别是保证流动资产的及时变现能力。

（2）横店集团短期融资券的基本情况

经中国人民银行备案，横店集团与2005年11月10日，在全国银行间市场发行规模为10亿元人民币的“2005年横店集团控股有限公司短期融资券（第一期）”。

此次短期融资券的基本情况见表5。

表5　　横店集团短期融资券的基本情况

发行总额	人民币10亿元
面值	人民币100元
期限	364天
发行价格	采取贴现发行方式，通过簿记建档方式招标确定
发行方式	簿记建档方式
兑付价格	按面值兑付
兑付方式	到期利随本清
债权登记日	2005年11月11日
兑付日	2006年11月10日
发行对象	全国银行间债券市场的机构投资者
形式	采用实名记账方式，在中央结算登记公司进行登记托管
担保	无担保
承销方式	承销团以承购包销方式承销本期短期融资券
信用评级	A1+级，为最强的债务偿还能力
评级机构	大公国际资信评估有限公司
交易流通	在全国银行间债券市场交易流通
募集资金用途	公司的流动资金周转，弥补企业日常运营的资金缺口

2005年11月10日，横店集团的短期融资券成功发行，通过招标最后确定发行价格为97.16元，融资成本率为2.93%，即使加上发行费用，与1年期银行短期流动资金贷款的基准利率，仍有2%左右的利差优势。

中小企业私募债券

◎邓　阅

2012年6月8日，中小企业私募债券第一单成功发行。由东吴证券承销的苏州华东镀膜玻璃有限公司5000万元中小企业私募债券当日上午发行完毕。这标志着中小企业私募债券正式拉开序幕。

国内中小企业通过债券市场进行融资，中小企业私募债券并非首创。早在2008年10月起，就有中小企业开始在银行间债券市场注册发行中小企业短期融资券；2009年11月，中国银行间市场交易商协会又出台《银行间债券市场中小非金融企业集合票据业务指引》，并在同月成功发行了首批银行间市场中小企业集合票据，为23家企业合计融资12.65亿元；2011年，在地方政府的配合下，交易商协会在中小企业集合票据的整体规则框架下又推出了区域集优融资模式。截至2011年末，已有200家左右企业通过中小企业集合票据方式在债券市场进行融资，年末未到期中小企业集合票据余额为107.4亿元。

但此次证监会主导的中小企业私募债券，仍不乏创新之举，值得期待。

一、发行现状

截至2012年7月31日，已发行的中小企业私募债券已达28只，募集总额23.3亿元。

表1　截至2012年7月31日我国中小企业私募债券发行情况

发行人	期限（年）	募集金额（万元）	票面利率（%）	主承销商
深圳市嘉力达实业有限公司	3	5000	9.99	国信证券
深圳市德福莱首饰有限公司	3	20000	9.3	国信证券
深圳市巨龙科教高技术股份有限公司	1	2000	13.5	中银国际
深圳市拓奇实业有限公司	1	2800	9	平安证券
浙江南浔古镇旅游发展有限公司	3	5000	8.9	国信证券
浙江中欣化工股份有限公司（第一期）	2	2000	10	浙商证券
北京信威通信技术股份有限公司	2	20000	9.8	国开证券
浙江中欣化工股份有限公司（第二期）	2	3000	9.99	浙商证券
北京九恒星科技股份有限公司	1.5	1000	8.5	中信建投
无锡高新物流中心有限公司	2	25000	9.5	平安证券
海宁森德皮革有限公司	3	15000	8.1	国泰君安
浙江富立轴承钢管有限公司	3	8000	10.5	国海证券
北京鸿仪四方辐射技术股份有限公司	2	2000	8	中信建投
浙江太子龙实业发展有限公司	3	10000	9.99	光大证券
大丰市大丰港工程建设有限公司	1	10000	8.5	南京证券
优必胜（上海）精密轴承制造有限公司	2	2500	9.7	国泰君安
湖州金泰科技股份有限公司（第一期）	3	1500	9	浙商证券
湖州金泰科技股份有限公司（第二期）	3	1500	11	浙商证券
杭州西子孚信科技有限公司	2	10000	7	浙商证券
苏州华东镀膜玻璃有限公司	2	5000	9.5	东吴证券
北京航材百慕新材料技术工程股份有限公司	1.5	2000	8.5	中信建投
南京江宁水务集团有限公司	2	20000	9.4	平安证券
杭州钱江四桥经营有限公司	2	10000	9.35	平安证券

续表

发行人	期限（年）	募集金额（万元）	票面利率（%）	主承销商
苏州新区新宁自来水发展有限公司	2	10000	7.5	国泰君安
上海同捷科技股份有限公司	3	10000	8.15	国泰君安
凡登（常州）新型金属材料技术有限公司	3	10000	8.05	国泰君安
天津市天房科技发展有限公司	3	10000	7.3	国泰君安
新丽传媒股份有限公司	2	10000	7	中信建投

已发行的中小企业私募债券，从利率来看，最高票面利率13.5，最低票面利率7%，高于10%的一共有4只，平均利率为9.11%，大约为银行贷款利率的1.5倍，反映了投资者要求的风险补偿区间。

从期限结构上看，已发行的中小企业私募债券以2年期最多，达到了12只，3年期也有11只，平均期限为2.25年，这说明中小企业私募债券以中短期为主，符合人们对中小企业私募债券的预期，因为一般中小企业私募债券的目的都是补充短期和中期融资缺口。

从募集金额上看，募集金额最多的是无锡高新物流中心，募集金额达2.5亿元，其他募集金额大多在5000万~2亿元之间，平均每只募集7900万元。中小企业私募债券在募集金额和期限上都明显低于公司债，这是由这类企业自身低规模的特点决定的。

二、操作实务

1. 发行条件

根据我国沪深交易所发布的《中小企业私募债券业务试点办法》规定，在交易所备案的中小企业私募债券，发行主体应当符合以下条件：

（1）发行人是中国境内注册的有限责任公司或者股份有限公司；

（2）发行利率不得超过同期银行贷款基准利率的3倍；

（3）期限在一年（含）以上；

（4）本所规定的其他条件。

对比企业债、公司债、中期票据、短期融资券的发行要求就不难发现，中小企业私募债券的发行要求更加宽松，未对发行企业的净资产和盈利能力做门槛要求。

同时，由于发行采取备案制度，交易所对备案文件不做实质性审核，只进行完备性审核。发行人只需要将所需材料提交交易所，交易所在接受备案材料的10个工作日内完成备案，企业便可在备案后6个月内择期发行。募债发行条件的放宽，对于发行企业来说无疑是一件好事，可以鼓励更多的中小微企业尝试通过债券市场进行融资，一定程度上缓解了以前中小型企业想发行债券却受限于《证券法》对财务状况和盈利要求限制的矛盾。

2. 定价方式

定价合理，是一个金融产品能够顺利发展、实现自我良性循环的基本保证。理论上，中小企业私募债券的收益率和传统公司债一样，可以分为无风险利率和风险补偿两部分。其中，风险补偿又包括风险溢价，流动性溢价和其他风险溢价。一般来说，信用评级越低的公司，风险溢价所占的比例越高。根据国际经验，Baa－级别债券的风险溢价占比为30%，而中小企业私募债券的流动性风险溢价大约只占全部风险溢价的1.5%。

我国缺乏相对健全的定价机制。根据《试点办法》规定，中小企业私募债券规定利率不可超过银行贷款利率3倍。究其原因，是因为由于我国贷款利率受国家管制，商业银行自然不愿意以较低的利率贷款给违约风险较高的企业，只有私募股权投资、信托、民间金融等能够实现高回报的资金，才会对其有所偏好，而这类承担高风险的投资者必然会要求一定的风险溢价补偿。虽然中小企业私募债券规定票面利率不可超过银行贷款利率3倍，但它还是提供了相对较宽的定价区间。从已经发行的21只中小企业私募债来看，最低的票面利率为7%，最高为13.5%，其余的债券基本为银行贷款利率 1.5 倍左右，维持在一个相对合理的水平。

除了较高的收益率外，中小企业私募债券还可附加转股权，进一步提高了定价的灵活性。

3. 投资主体

《试点办法》规定，我国的中小企业私募债投资主体划定在具有一定资质的机构投资者和发行人董事、监事、高级管理人员及股东。上海交易所允许个人投资者参与交易，但也需满足一定条件。

表 2　　沪深交易所对合格投资者的要求

	深圳交易所	上海交易所
机构投资者	参与私募债券认购和转让的合格机构投资者，应当符合下列条件： 1. 经有关金融监管部门批准设立的金融机构，包括商业银行、证券公司、基金管理公司、信托公司和保险公司等； 2. 上述金融机构面向投资者发行的理财产品，包括但不限于银行理财产品、信托产品、投连险产品、基金产品、证券公司资产管理产品等； 3. 注册资本不低于人民币 1000 万元的企业法人； 4. 合伙人认缴出资总额不低于人民币 5000 万元，实缴出资总额不低于人民币 1000 万元的合伙企业； 5. 经本所认可的其他合格投资者。	参与私募债券认购和转让的合格机构投资者，应当符合下列条件： 1. 经有关金融监管部门批准设立的金融机构，包括商业银行、证券公司、基金管理公司、信托公司和保险公司等； 2. 上述金融机构面向投资者发行的理财产品，包括但不限于银行理财产品、信托产品、投连险产品、基金产品、证券公司资产管理产品等； 3. 注册资本不低于人民币 1000 万元的企业法人； 4. 合伙人认缴出资总额不低于人民币 5000 万元，实缴出资总额不低于人民币 1000 万元的合伙企业； 5. 经本所认可的其他合格投资者。
个人投资者	深交所暂不允许个人投资者投资中小企业私募债券。	合格个人投资者应当至少符合下列条件： 1. 个人名下的各类证券账户、资金账户、资产管理账户的资产总额不低于人民币 500 万元； 2. 具有两年以上的证券投资经验； 3. 理解并接受私募债券风险。

续表

	深圳交易所	上海交易所
其他投资者	发行人的董事、监事、高级管理人员及持股比例超过 5% 的股东，可参与本公司发行私募债券的认购与转让。承销商可参与其承销私募债券的发行认购与转让。	发行人的董事、监事、高级管理人员及持股比例超过 5% 的股东，可参与本公司发行私募债券的认购与转让。承销商可参与其承销私募债券的发行认购与转让。
募集人数限制	每期私募债券投资者合计不得超过 200 人。	每期私募债券投资者合计不得超过 200 人。

虽然交易所对投资者资格有一定限制，但相比于传统市场引入了更为宽泛、更为匹配的投资者群体。一般说来，我国的债券市场可以划分为银行间市场和交易所市场，银行间市场的成员主要是以商业银行为主体的各类金融机构，虽然他们拥有庞大的资金实力，但这类机构的风险偏好比较保守，投资风格谨慎。而风险偏好较为积极的各类理财资金、企业资金乃至个人资金，由于账户类别限制，则较难进入银行间市场进行交易或直接交易。这种市场格局下，高风险高收益的企业债券（如中小企业集合票据/债券），很难获得良好的发展空间。中小企业私募债券引入了各类投资者，尤其是具有高收益债券投资偏好的投资者，他们的投资偏好将与中小企业私募债券的风险收益更为匹配。

4. 投资者保护

中小企业私募债券的主要风险是违约风险。由于证监会对发行私募债的企业并没有严格的盈利要求，也未对信用评级做强制性规定，很大程度上对投资者的保护依赖于严格的增信条约。增信分为内部增信和外部增信，内部增信一般又称为约束性条款，包括偿债保障金提取，限制股息分配，限制发行人其他的举债和抵质押资产以及受托管理等制度，要求公司以现有资本结构持续经营，旨在限制债权人在债务存续期内从事和进行可能减少还债资源的计划和投资，防范债券主体发生剧烈的资本结构和财务状况变化，降低发债主体偿债能力和履行偿债义务的意愿，损害投资者利益。外部增信包括抵押、质押、第三方担保、债券信用保险等措施，旨在从外部完善企业违约时对债权人的补偿机制，从而增强债券的信用评级。

中小企业私募债券的另一个共同特点是流动性差。中小企业私募债券通过交易所的场外交易平台以及证券公司进行交易，提供了一定的转让便利，降低了投资者持有债券承担的流动性风险。同时，承销商可以参与做市交易以提供流动性支持，进一步提高中小企业私募债券的流动性。

三、挑战

上述创新，对于中小企业私募债券的推出、发展而至壮大，都将有积极的促进作用。同时，我们也应该认识到，中小企业私募债券的发展也不可能保证一帆风顺。中小企业私募债券也存在以下几个挑战。

1. 自身限制

第一，此次中小企业债券虽然是在交易所备案，但并不是传统意义上所讲的交易所市场发行和交易，而是采用了与银行间债券市场运行框架基本相同的场外市场模式，这事实上是在银行间债券市场的基础上建设另一个场外市场，这既可能通过监管竞争促进市场发展，也可能是市场的重复建设，形成市场的更大分割。

第二，风险偏好的投资人群体是否具备和成熟还需要考验。债券私募融资方式实际上银行间交易商协会于 2011 年 4 月通过发布《银行间债券市场非金融企业债务融资工具非公开定向发行规则》已经推出，截至 2011 年底银行间债券市场私募债券累计发行 919 亿元，但发行主体都是能源、交通运输等行业的优质企业，中小企业未能利用这一融资方式的主要原因还是市场缺乏足够规模和成熟的风险偏好投资人群体。中小企业私募债券的投资者群体培育，需要有相当长的时间过程。

第三，中小企业经营状况和财务信息的准确性问题，也即信息披露准确性问题。信息不规范乃至造假是国内不少企业都存在的现状，而中小企业更加集中。信息披露不准确将会给投资者造成误导，严重的甚至形成欺诈。如果这一关把不严，容易使投资者信心丧失，整个中小企业私募债券市场也将面临严重打击。

第四，中小企业私募债券的高风险属性，也会在发展过程中带来波折。我国债券市场的信用风险文化并没有形成，政府部门在“福禧债”和“海龙债”上施以援手更加冲淡投资人的风险意识。但是，中小企业私募债券在出现风险事件时，不太可能、也不应该再沿袭此前的做法，投资者必须风险自负。而违约事件一旦发生，将会在一段时期内对中小企业私募债券造成冲击，这种情况我们应该提前意识，做好必要的准备。

2. 对冲缺位

中小企业私募债券面临的最大风险就是企业由于经营不善而无法偿还债务的信用风险，而鉴于目前的债券市场缺乏有效对冲的工具，使投资者无法有效对冲这类债券投资的潜在风险，因此，在适当的时机引进信用违约互换合约（CDS）等金融衍生品，有效地增加市场的活跃程度，让潜在的债券投资资金进入到中小企业私募债券市场是非常必要的。

中小企业私募债券的推出可借鉴国外做法，引入信用违约互换（CDS）、债券抵押债务凭证（CBO）和风险缓释合约（CRM），以转移和对冲信用风险。通过对冲信用风险，可以降低债权人在债务人违约时的损失，而对手方也可以通过其他衍生工具对冲自己为债权人承担的信用风险。然而，目前我国衍生工具缺失，对冲机制缺位，包括 CDS 在内的衍生工具又曾经给美国金融带来巨大的灾难，我国引入信用对冲机制短时间内不太可能实现。即便引入，也会因为其他对冲工具的缺失而降低其有效性。如果中小企业私募债券投资者不能通过其他合约降低违约风险，中小企业私募债券的流动性和投资者的兴趣就会大打折扣。

邓　闯《 北京大学研究生

城投债

地方政府债券融资

◎袁　杰

城投债，又称城市投资债券，是地方融资平台公司发行的企业债的一种统称。与一般企业债相比，城投债具有三个特征：一是发行主体多为地方政府及下属部门全资设立的融资平台公司（又可称为“城投公司”）；二是募集资金多用于地方公用事业和基础设施建设；三是债券的偿债来源多为政府财政补贴或土地出让收入等。

按照我国目前“多头审批、多头监管、多个市场”的债券发行交易市场体系，城投债的主要发行审批机构为发改委；监管机构主要为国务院授权的监管机构，包括发改委、中国人民银行等；上市交易场所包括以银行间交易市场为主的 OTC 市场和沪深证券交易所为主的场内交易市场。

截至 2012 年 7 月末，地方政府通过城投公司累计发行城投债 1086 只，募集资金达 14581.5 亿元，为 2011 年地方财政收入的 28%；城投债俨然成为地方政府发展地方经济、进行基础设施建设最为重要的资金渠道之一。

一、中国城投债的产生与发展

1. 城投债的产生

城市化进程中的基建投资需求是城投债产生的内因。上世纪 90 年代初，中国政府重新确立了市场经济的主体地位，成为中国经济再次腾飞的制度推力。以上海为首的地方政府开始通过设立城市建设投资平台公司向银行借贷或者发行债券从资本市场融资以加快城市建设。1992 年 7 月，上海市人民政府批准设立了上海市城市建设投资开发总公司。该公司是一家专门从事对城市建设和维护资金进行筹措和管理的专业投资和开发控股有限公司，它于 1993 年发行了一只总额为 5 亿元的两年期城市建设债券，成为第一只严格意义的城投债。

可以说，城市化进程中的基建投资需求是城投公司发行城投企业债募集资金的最根本原因。中国城市化率的加速始于改革开放，城市化率从 1980 年的 19.4% 增长到 2011 年的 47%。1980 年至 1990 年，我国城市化率年增长为 0.7%；1990 年至 2000 年，年增长 0.90%；进入 21 世纪，中国的城市化率增速达到 1.5%。研究发现，城市化每增加 1%，我国新增城市人口将达到 1400 万；假设新增一人的城市建设费为 2.1 万，那么每年单纯因新增人口导致的城市建设投入将达到 2900 亿元，地方政府因城市化加快导致的基建投资压力不可谓不大。从基建支出数据看，基建投资加速发展的时期正对应着城市化加速的 1990 年至 2010 年这 20 年间。城投债产生的背景正是在城市化加速、基建投资腾飞的上世纪 90 年代，也正是城市化推动的基建投资需求催生了城投债的诞生。

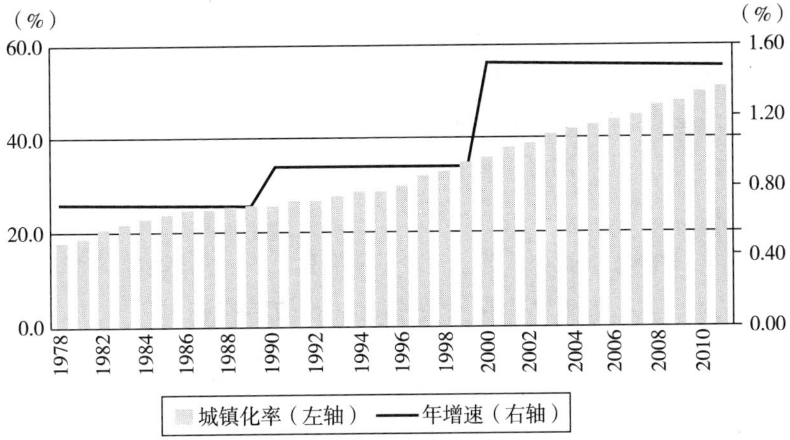

图 1 中国城市化率

数据来源：国家统计局。

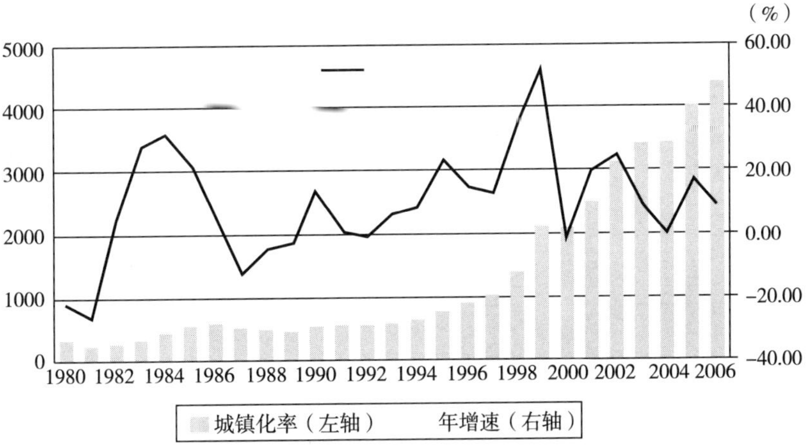

图 2 中国基建支出（单位：亿元）

数据来源：国家统计局、财汇资讯。

城投债诞生于城市化加速，基建投资支出起步腾飞的 90 年代初；而进一步推动地方政府设立投融资平台公司发行城投债、募集建设资金的动力却是 1994 年的“分税制”改革。1993 年 12 月，国务院发布了《关于实行分税制财政管理体制的决定》拉开了中国“分税制”改革的帷幕；《决定》规定，自 1994 年 1 月 1 日起取消原有的地方财政包干的制度，严格划分中央政府与地方政府的财权事权。作为配套的法律规范，全国人大于当年颁布了《中华人民共和国预算法》。《中华人民共和国预算法》第二十八条规定："地方各级预算按照量入为出、收支平衡的原则编制，不列赤字。除法律和国务院另有规定外，地方政府不得发行地方政府债券。"

在改革后财政体制下，地方政府的预算内资金主要来源是地方税，预算外资金主要是土地出让收入及中央财政的转移支付。但是，随着我国城市化进程加快和地方政府为配合中央政府的宏观调控而不断增加财政支出，面对逐年大幅增加的公路及其他公用设施建设费用，纳入了预算外资金的地方财力仍然捉襟见肘，入不敷出。实际上分税制改革间接导致了中央与地方政府陷入了所谓的"财权上移，事权下移"的尴尬境地。

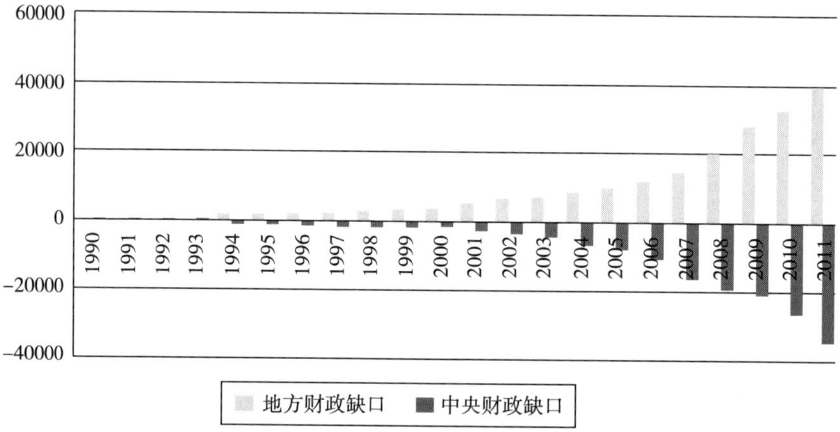

图3　中央和地方财政收支缺口（单位：亿元）

数据来源：国家统计局、财汇资讯。

从财政收支缺口图中可以看出，地方政府财政收支缺口自1994年后就呈持续扩大态势；而同期中央政府的财政盈余则在不断增加。地方政府在分税制改革后承担了绝大多数的经济建设任务，对应的财政收入却相对有限，而受预算法地方政府不能负债经营规定的限制，地方政府只能通过设立地方政府融资平台公司负债建设，从而推动了融资平台公司的发展。

受财税制度、政治制度和官员选拔方式的影响，中国的地方政府领导人作为“经济理性人”存在过度投资的冲动。地方政府潜在的投资冲动是城投债得以发展的又一重要原因。

一方面，财税制度上，增值税作为第一大税种，由中央和地方政府按照75%/25%比例共享，增值税的征收对地方政府来说是举足轻重的。与增值税相同，企业所得税及其有关的城建维护税和教育附加税等大部分税收，都是在生产项下征收的，故生产型企业多寡决定了地方财政收入的高低。地方政府为确保税源，配套超前的基础设施，盲目吸引投资项目，特别是会带来大额税源的重化工业项目等。

另一方面，在现行体制下，地方政府官员除了要在经济领域为 GDP 和利税进行竞争以外，同时也要在“官场”上为晋升而竞争。地方政府官员的政治博弈助长了地方政府的投资冲动。改革开放以后，中国地方官员的选拔标准由单纯的政治指标变成经济绩效指标，地方 GDP 的增长更是居于核心地位。因此，中国地方官员同时处于两种竞争之中，既为地区的经济产出和税收而竞争，同时又为各自的政治晋升而竞争。具体反映到经济领域，从一个地区来考虑，只有尽力扩大投资需求，争取尽可能多的储蓄供给以提高资本形成规模才符合本地区和地方政府官员自身的经济与政治利益。当一个地区扩大了资本形成规模而其他地区未能扩大时，前者就将在地区经济增长、可支配财政收入、就业及官员政绩等方面获取更大收益，并在下一步的竞争中占据优势地位。其实，不论其他地方政府采取何种策略，参与竞争的地方政府官员都会有强烈的动机选择尽力刺激当地的投资需求，以免在博弈中处于下风。每届政府任期的开始和政府换届前的一至两年都可以清楚地看出地方官员为个人政治晋升而推动地方经济发展的痕迹。

2. 城投债的发展

虽然早在 1993 年上海市城市建设投资开发总公司就发行了第一只城投债，但是城投债的迅猛发展却是最近十年的事情，一方面是因为城市化进程在最近十年得到明显加快；另一方面也是因为地方政府特别是地市级地方政府不断地进行金融创新，大量通过融资平台公司向银行和资本市场进行债务融资。

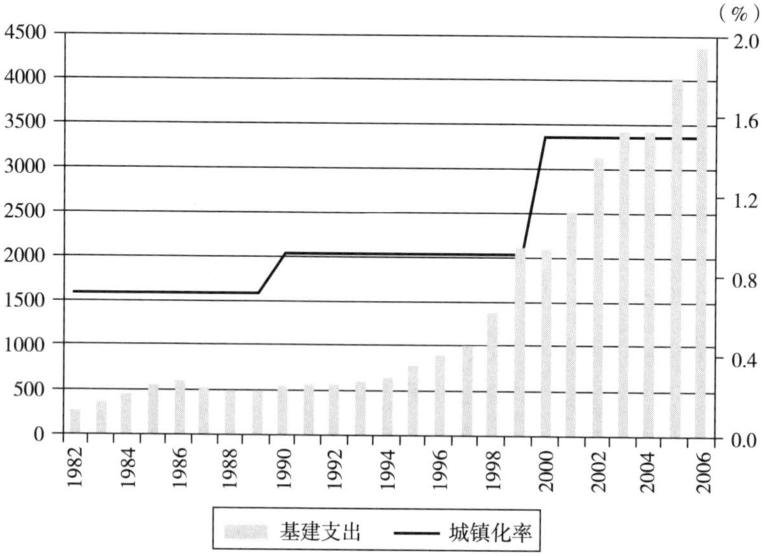

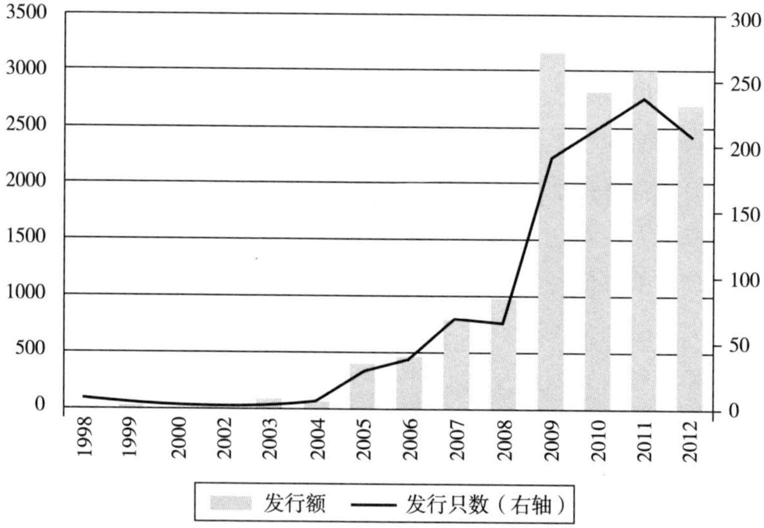

图4　近十年来城投债发行情况（单位：亿元）

数据来源：财汇资讯。

2008 年美国“次债危机”引发了全球金融动荡，导致世界主要经济体陷入经济衰退。为了应对金融危机对各国经济的影响，许多发达国家采取了庞大的经济刺激计划以避免经济陷入长期的衰退；新兴国家也采取积极的财政货币政策来缓解因外部需求疲软对本国经济产生的负面影响。作为最大的新兴经济体，中国政府为了减轻金融危机对经济产生的影响、刺激经济增长，实施了宽松的货币政策，并宣布总额高达 4 万亿元经济刺激计划，其中中央政府承担了 1.18 万亿元，地方政府承担了 2.82 万亿元，地方政府成为财政政策实施的“冲锋队”。

为了解决地方政府执行中央积极的财政政策的资金缺口，地方政府加大了通过城投公司发行城市建设投资债券以募集建设资金的力度。2009 年城投债发行额为 3167 亿元，较 2008 年增长超过两倍；2010 年受［国发 19 号］文对城投公司的发债限制，发行额略降至 2823 亿元；2011 年城投债重回到 3000 亿元，2012 年上半年，城投债发行接近 2700 亿元，较上年同期大幅增加超过 50%。

二、地方政府债券的国际比较

1. 分权制国家的地方债：以美国为例

（1）美国市政债的发展现状

美国的市政债发端于 19 世纪 20 年代，当时州和地方政府致力于发展地方经济，公路和运河等基础设施的修建耗资巨大。1825 年，纽约州筹资修建伊利运河成功后，其他州纷纷仿效，致使包括公路、运河在内的基建投资大幅攀升。统计显示，这段时期的运河建设投资高达 1.88 亿元，州和地方投资占比在 73% 左右，这些资金主要来源于政府发行的债券。随后在经历铁路建设狂潮、美国南北战争之后，1912 年以市政债为主的州和地方政府债务达到了 34.76 亿美元，几乎是 1860 年的 16 倍。20 世纪初，美国汽车工业迅猛发展，公路建设投资大幅提高，美国市政债经历了一轮爆发式的增长，虽然此后经历了大萧条，但罗斯福新政的实施带动了各级政府支出的增加，市政债也相应得到了恢复。二战后，美国市政债经历了趋势性的增长，截至2009年底，美国市政债余额为2.81万亿元，占整个债市规模的8.09%，为当年GDP的19.72%。

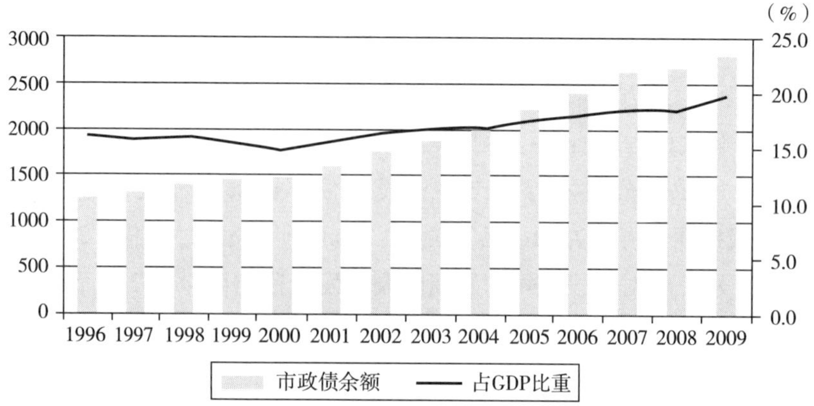

图5　美国市政债券余额（10亿美元）

数据来源：The World Bank.

美国市政债券按期限可分为短期市政债和长期市政债，前者主要是期限在一年以内的市政票据，占市政债总余额的15%左右；后者又可分为一般责任债券和收益债券，占总市政债余额的85%左右。一般责任债券是指发行机构以自身全部的声誉和信用作为担保的债券；收益债券是以投资项目本身所产生的现金流作为偿债来源。除基本的一般责任债券和收益债券外，近年来开始出现以特定种类的税收作为偿债资金的混合债券和特种债券，类似于“资产支持证券”。

（2）美国市政债的特征

免税是美国市政债最突出的优点。美国市政债享有联邦政府和地方政府的税收优惠，联邦政府对市政债券的利息免征所得税。根据美国《1986年税收改革法案》，市政债券的税收优惠幅度由市政债券募集用途决定；用于公共目的的债券，利息收入免缴联邦所得税；用于私人项目的债券，需要缴纳联邦所得税，但可以免缴发行所在州的所得税和地方政府的所得税；用于非公共、非私人项目的市政债发行受严格限定，可享受最低税收的优惠待遇。

信用好、流动性高是美国市政债的另一个特色。在美国，市政债券的信用等级只低于联邦政府债券，由于市政债享受免税待遇，实际利率比联邦国债利率还低。州政府发行的长期市政债占总市政债的70%以上，虽然在一般情况下大多数的市政债券投资者愿意持有市政债到期，但如果意外事件发生，利用市政债券作抵押，仍然可以获得债券价值85%的银行借款。

市政债券保险制度是一种为市政债券信用增级的独有方式。市政债券的保险是指在债券发行人不能按期支付本息时，由保险公司承担偿付的义务。美国市政债券保险自上世纪70年代以来发展极为迅速。近年来，美国新发行的长期市政债券一半左右的都购买了市政债券保险，市政债券保险能有效降低发行人的发行成本，减少投资者的搜寻成本。市政债券保险的购买类型包括在一级市场由发行人购买以降低发行利率和二级市场债券经纪交易上购买降低收益率等两种类型。

（3）美国市政债券的发行及监督机制

美国市政债券的发行主体包括政府及其下属机构，每一届政府在组建过程中都会通过立法对债券发行权利予以界定，主要涉及对政府市政债券的发行规模、发行主体的限制等。全美8.8万个地方政府中，约有5.5万个是市政债券的发行者，主要是小规模的发行人；市政债券投资项目涵盖市政交通、学校教育、社会福利及产业补贴等。

具体就市政债的发行来看，美国市政债券的发行采取审批制，州和地方政府无需上级政府的批准和同意。按照《1933年证券法》，市政债券发行可以豁免注册，因此不受《1933年证券法》关于注册登记的约束，是否发行市政债完全由本级政府和议会确定。但是，由于美国联邦制的特点，州和地方政府由地方选民选举产生，政府对辖区选民负责，因此，地方政府发行市政债券尤其是一般责任债券需要由公众投票决定。为了防止出现地方政府的过度举债，美国许多州的宪法都对市政债券的发行规模有很严格的限制。

美国市政债监督模式的特点是宽松的政府准入和严格的市场监管。作为联邦制国家，美国的地方政府享有很大自主权，联邦政府对地方政府的事务极少干涉；对地方政府市政债的监督更多的是依赖由《1933 年证券法》和《1934 年证券交易法》等构成的联邦证券法体系，主要涉及到上市制度、禁止不正当交易和信息披露制度。按照《1933 年证券法》的规定，严禁在向联邦证券交易委员会注册登记之前从事任何形式的证券交易行为。信息披露制度要求发行者必须履行信息披露义务，包括定期披露和不定期披露等。禁止不正当交易规则，要求信息完全、准确、及时地披露，以杜绝证券交易中的市场欺诈行为问题；具体条款涉及禁止操纵市场、反欺诈和严禁内幕交易等。

2. 集权制国家的地方债：以日本为例

(1) 日本公债的产生与发展

在日本，债券也叫公社债，包括公债（发行人是国家或地方公共机构）和社债（公社债券）。

二战前，中央集权体制下的日本，地方政府没有发债权；二战后新修订的《宪法》增加了允许地方政府自治的内容，地方政府有了债券融资权利。日本的地方公债实质是带有私下协调性质的财政性融资制度，只有债券工具而未形成真正意义的市场。虽然这种地方公债是一种标准化的债券工具，但发行前就已经确定了购买对象而非针对不特定的投资者，更类似于向银行定向债务融资。

日本公债的历史最早可以追溯到 1879 年确立的“发行地方债必须通过议会议决”的原则。

地方债制度是《地方自治法》、《地方财政法》制定的，其基本结构在明治中期就逐步形成。1889 ~ 1911 年，日本地方债国内发行了 190 百万日元，国外发行了接近 176 百万日元。二战后，重新修订的日本《宪法》增加了地方自治的内容，规定在一定的条件下，地方政府可以发行地方债募集资金以弥补财政的不足。政府层级上，日本实行中央政府、都道府县和市町村三级政府结构。虽然《宪法》和《地方自治法》规定某一地理区域有权建立在一定程度上独立于中央政府的地方公共实体，但中央政府掌握了绝大部分的财政收入，地方政府在财政上对中央政府依赖极大。地方政府财政支出占全部公共支出的比例在60%左右，而地方财政收入却只占总支出的33.2%，剩下16.8%需要地方发债来弥补。到1996年，日本地方公债的收入占地方财政收入的比重已经达到15.2%，是地方财政收入的第四大来源。

（2）日本公债的种类与特征

日本的地方政府的债券包括地方公债和地方公营企业债两类，其中以地方公债为主体。都、道、府、县和市、村、町均能发行地方公债，债券资金募集主要用于公用事业建设投资；地方公营企业债是由地方特殊的公营企业发行、地方政府担保的债券，这类债券募集投资于下水道、自来水及交通运输设施等方面。日本地方债的投资方向是严格受限的，按照《地方财政法》的规定，“地方财政的支出必须是以地方债以外的收入作为财源”，也即“适债性原则”，这意味着地方政府不能发行赤字债券。根据《地方财政法》，公债投向被限制在政府的公用事业企业及灾害的应急项目上，这种对地方债募集投向方面的严格限制体现了日本中央政府对地方债的审慎态度。

日本地方债的资金主要来源是政府及其下属企业机构，但其比例近几年呈下降趋势。政府提供的资金主要包括财政融资资金和国家运营的邮政储蓄资金，受政府机构资金减少的影响，近年来市场资金参与比例逐渐接近50%。1990年，地方债的资金来源中，51%是政府资金，30%是银行和公营企业金融公库，接近20%为保险公司和共济协会。

（3）日本公债的发行与监督

日本地方债的发行方式分公募和私募，前者是通过债券市场发行债券募资，只有较大的地方政府才能公募发行；私募发行是地方债的主要发行方式，主要通过场外柜台市场进行。由于地方债的投资人主要是上级政府及其附属机构，日本地方债有很强的财政转移支付及互助性质，而只有约30%的地方债发行交易属于真正意义上的市场行为。日本属于中央集权国家，上级政府的法律事权为下级政府的当然事权，下级政府的实际债务是上级政府的或有债务。为了缓解地方政府的债务风险，降低中央政府的债务负担，日本政府仿效企业建立类似偿债基金的减债基金制度。减债基金制度要求政府每年计提相应比例的国库资金交由特定的、独立的第三方机构管理，这部分资金保障了债券本金的偿还；而债务利息主要由每年的财政预算支付，减少影响减债基金的独立运作的风险。

在地方债的监管方面，发行前监管主要涉及地方债的发行审批制度；发行后监管主要涉及市场监管与地方政府审计等制度。日本地方债的发行实行审批制，按照日本《地方自治法》的规定，发行地方债必须要获得自治大臣或都道知府知事的批准。申请发行地方公债的一般流程为地方政府提出发债申请，经地方议会表决通过后再向自治省申报，自治省审查后与大藏省协商汇总各地发债需求、分配发债额度。自治大臣与大藏大臣协商审批的重点是建立当年禁发或限发地方债的地方政府名单；确定标准主要包括过往发债中的合规情况、地方政府的征税率和地方财政赤字情况等。由于自治大臣在审查地方政府的发债申报时需要与大藏大臣协商，所以日本地方债的这种审批制度又被称为协议审批制度。

对地方债的发行后监督，中央政府侧重于对公债交易的监管和对地方政府的审计监督；公债交易的监管主要通过证券监管机构规则的规范、交易市场的日常监管来实现。日本政府建立严格的审计制度来监督地方政府公债的流通、偿还和资金的使用，审计机构由国家会计检察院和地方监察委员会构成。国家会计检察院是日本的最高审计机构，负责对中央财政收支预决算的监督和审计，独立于政府和内阁；地方监察委员会的主要工作是监督地方政府的财政纪律，对地方政府财政收支和行政行为进行审计，直接向议会负责。

三、中国城投债面临的问题

1. 城投债制度设计上的缺陷

中国是政治中央集权、经济地方分权的国家，中央政府的政治集权主要体现为在民意的基础上对地方官员进行任免和擢升；地方政府的经济分权体现在其享有一定比例的税收收益权、特定税种的征收权以及地方经济建设中的财政支出决策权。一方面，中国这种以 GDP 为核心指标、自上而下地对地方政府官员进行政绩考核的制度催生出强大的投资需求；另一方面，有限的财政收入是阻碍地方政府实现其经济发展愿望的最大难题。所以，地方政府需要积极拓展财政外的其他融资渠道，而由于我国预算法严禁地方政府负债经营，所以通过成立融资平台公司负债经营便成了最优的选择。

城投公司发展之初就是为了规避地方政府不能负债经营的规定，地方政府将自身的部分资产负债业务移交给了城投公司，让其承担了债务融资和部分基础设施建设的任务。城投公司的设立目标比较清晰，其发行债券募集资金的用途范围比较明确，基本都限定在与政府公共职能相关的基础设施建设上，如水利建设、公路交通等。但本质上，城投公司只是由地方政府或其下属国资委等部门机构设立的具有法人资格的融资平台公司，地方政府与城投公司是一种股权控制关系，而非政府机构间的隶属关系。由于大部分城投企业主要从事公用事业建设与运营，盈利能力很弱；从统计的发债平台数据中，城投企业的 ROA（资产回报率）基本分布在 0% 至 4% 之间。相对于上市公司较为平均的 ROA 分布，城投公司整体的资产盈利能力均较差，主要利润来源靠财政补助、其债务的偿还很大程度上依赖于地方财政收入。

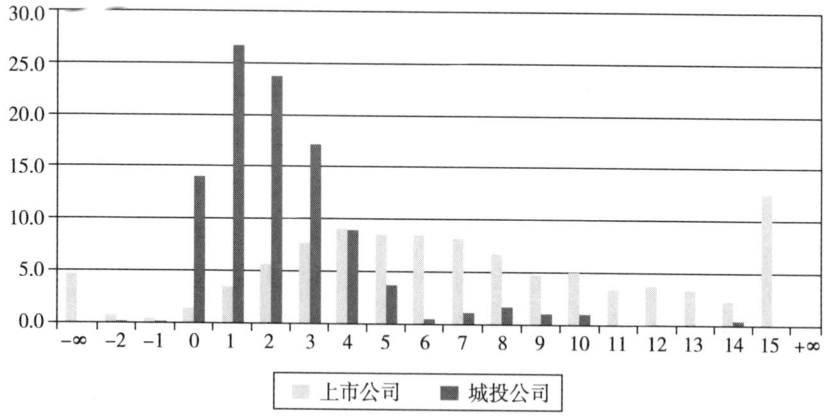

图 6　上市公司与城投公司 ROA 分布

数据来源：wind 资讯。

从法律角度来看，地方政府及其下属机构作为城投公司的控股股东，以其出资额为限承担有限责任。由于我国预算法禁止地方政府负债经营，担保法禁止地方政府为实体企业提供担保，所以城投债并非地方政府的当然债务。城投债的这种制度安排致使其在债券市场较同等级、同期限的非城投企业债高 150 基点左右。

由于城投公司以企业法人运作，其资金的募集与运用不受地方人大的监督与管理，在地方政府强烈的投资冲动下极易过度负债，从而推高我国金融体系的系统性风险。目前中国的城投债包括城投公司的企业债，城投公司的中期票据和城投公司的短期融资券。城投债的发行跟普通企业债并无不同，也需要满足审批机构发改委的关于资产规模、盈利能力及债务规模等相关法规的限制，与普通企业债不同的是地方政府可以通过财政补贴和注入大量的土地和其他盈利能力较低的资产等方式做大城投公司的净资产规模，从而提高其发债的额度。此外，城投公司中期票据和短期融资券的发行实行注册制，短融的发行标准并没有设定 40% 净资产红线。总体上，城投债在发行审批方面并没有对地方政府做除政府层级限制外其他特殊规定，允许发行城投债的平台公司可以联合地方政府通过做大资产无限制地发行城投债。

监管方面，不同类型的城投债由不同的部门监管：城投公司企业债由发改委监管，城投公司中期票据和短期融资券由人民银行监管，除此之外证监会和证券交易所在债券发行中也起着重要的监管作用。但这种多头监管的方式并未能有效地监督城投公司，城投公司普遍存在着信息透明度低、财务报表披露及时性差等问题。2011 年，发行了 10 川高速 MTN1、10 川高速 MTN2 两期中期票据的四川高速公路建设开发总公司在未及时向投资者披露相关信息的情况下，将所持有的重要资产四川成渝高速公路股份有限公司国有股权无偿划转至四川交通投资集团有限责任公司。川高速这次重大资产划拨在 2011 年 3 月 28 日就已经过户至四川交通投资发展有限公司，一直到 4 月 16 号监管机构银行间交易商协会才知道该项交易，而川高速及其评级公司中诚信则在更晚的 4 月 19 日至 27 日才陆续发布公告证实此次资产划拨。对此次资产划拨事件，事后银行间交易商协会也仅仅是注销了其剩余的中期票据发行额度和提出勒令整改的警告。无独有偶，经发改委审批的企业债“10 华靖债”发行人江苏省泰州市下辖县级市的城投企业江苏华靖资产经营有限公司也在 2011 年年中公告其 2010 年年报的补充说明，将公益性资产置换为经营性资产，但由于注入的资产尚未过户，导致其公司总资产和净资产分别较发债时公告的 2009 年大幅下降了 50% 和 41% 。这一信用事件反映了企业债审批机构发改委对城投企业的信息披露、履行承诺事项等方面的监管存在比较突出的问题。

2. 城投债发行存在结构问题

受中央政府 4 万亿经济刺激计划的影响，2009 年是城投债爆发式增长的一年。但实际上该计划的后续投资仍旧十分巨大，加之地方政府内在的投资冲动使得城投债的发行额并未大幅跌落至刺激计划前的水平，相反呈逐年增加的态势。城投债的发行存在较为明显的区域集中和发行人政府层级下移的趋势。

截至 2012 年 7 月，前五大城投债发行地为江苏、北京、上海、浙江和安徽，城投债剩余规模分别为 1707. 90 亿元、1253. 60 亿元、953. 5 亿元、844. 49 亿元和 689. 2 亿元；占比分别为 14. 78% 、10. 85% 、8. 25% 、

7.31%和5.96%；除安徽外，其他4省市均处在我国经济最活跃的环渤海和长三角区域。而城投债余额最低的新疆、贵州、青海、宁夏和海南等5省区无疑是中国经济发展较为缓慢的区域，截至2012年7月末，这3省2区的总城投债余额为227亿元，仅为江苏省城投债余额的13.29%。总体看城投债发行主要集中在经济较为发达的环渤海和长三角区域，前五大发行省市发行城投债占总余额的47.15%，而对应的GDP总量占比仅为24.89%。从城投债与GDP比例来看，北京、重庆、天津、安徽和上海最高，分别为7.83%、6.10%、5.70%、5.58%和4.97%；直辖市发行城投债相对更集中一些，这也与城投债基本属性相关，即主要用于城市基础设施建设。

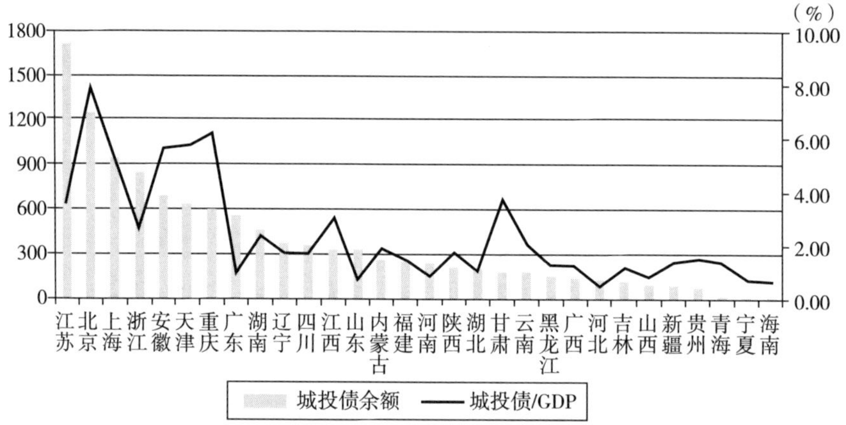

图7 城投债发行概览（单位：亿元）

数据来源：财汇资讯。

从发行债券的级别来看，国外发行市政债券的级别要求比较少，一般都是三级，这样有利于不同层级的政府划分财权事权、简化转移支付制度，提高财政政策的有效性。一般来说，中国并不对设立城投公司的政府层级做特别要求，但是2010年国务院下发了针对融资平台公司经营和融资规范管理的《国务院关于加强地方融资平台公司管理有关问题的通知》（国发［19］号文），限制了专门承担公益性项目建设的融资平台不得再承担融资任务；2011年银监会也将全国10468家地方政府融资平台的 1974 家纳入到一般公司类贷款管理监测类平台，允许按照一般企业的标准发放贷款，而剩下的 8494 家监管类平台公司原则上不再新增贷款；2012 年，发改委停止了被银监会纳入监管类平台的发债审批。除了暂停被纳入监管类融资平台的城投企业发债审批外，发改委也一直限制非百强县［部分市辖区（开发区）除外］平台公司发行城投债。

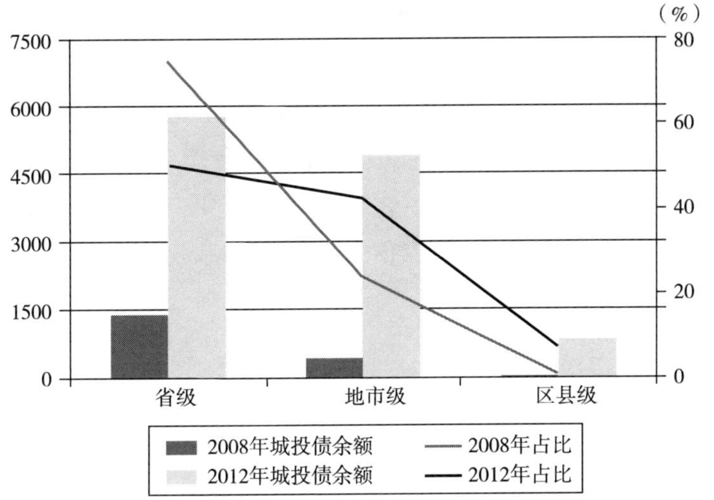

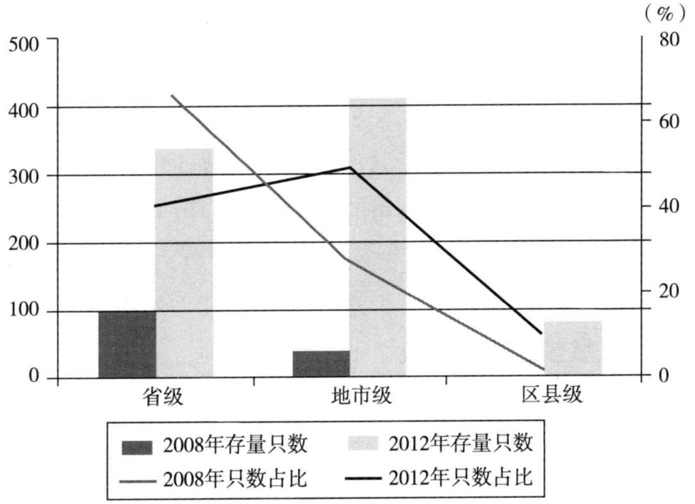

图 8　发行主体不断下移

数据来源：财汇资讯，2012 年数据仅截止到 7 月末。

虽然主要的监管和审批机构对县级平台发行城投债设置重重限制，但从过去4年的发展来看，城投债发债主体的政府层级却不断下移。2008年末城投债余额中，省级平台一共发行了99只城投债，占总只数的71%；市级平台39只，占比为27.9%；县级平台方面，只有浙江省绍兴市上虞市交通投资公司和山东省潍坊市诸城经济开发投资公司分别在2007年2008年各发行了8亿元的城投债。从数据来看，2008年发行城投债的平台公司中省级平台占绝大部分，仅有的两家发债的县级平台都位于经济较为发达的山东东部半岛和浙江沿海区域。但截至2012年7月末，剩余城投债总只数达到833只，其中省级平台债338只，占比下降至40.6%；地市级平台债413只，占比大幅升至49.6%；县级平台债82只，占比提高到了9.8%。城投债发行主体的政府层级下移趋势非常明显。

四、中国城投债未来的发展路径

地方融资平台公司与其他企业的区别主要体现在三个方面，一是融资平台公司主营业务为非盈利的地方基础设施建设，从基本的土地整培、一级开发到公路、水务等基建设施的投资；而普通的企业有具体的、盈利的主营业务。二是融资平台公司的偿债来源和运营资金主要依靠地方政府的财政补贴；而一般的国有企业以市场化经营为主，企业自负盈亏。三是融资平台公司的实际控制人为地方政府及其下属机构，政府直接控制力度强。正是城投企业与一般企业的这种区别，使得城投债投资者非常矛盾。一方面，盈利能力越弱、现金流状况越差的城投企业违约风险会更高、偿债保障更低；另一方面，资质越差的城投企业意味着政府对其的支持力度就越大，隐含的政府信用就越多，体现在债券市场上就是资质越差的城投债，市场对其的认购倍率反而会越高，投资者对其的热情也越高。

为了避免地方政府向市场传达出类似于上世纪90年代初的窗口公司“安慰函”的错误信号，降低地方政府的隐形债务及维护金融系统的稳定，中央政府自2010年起开始有计划有步骤地规范地方政府融资平台的债务。继2010年“国发［19］号”文限制地方政府设立纯融资平台公司的规定后，2011年审计署对全国地方政府债务进行了一次完整的审查。审查结果显示，2010年末地方政府性债务余额为10.72万亿元，发行债券带来的债务余额总计7567.31亿元，占全部债务余额的7.06%。2011年这次审计主要是要厘清地方政府与城投企业之间的关系，向市场确认地方政府负担的那部分债务；随后发改委和银监会相继出台政策，限制资质较差的监管类城投企业的债务融资，而可以发行城投债的监测类平台更像是主营公用事业建设、盈利能力较好的普通国有企业。

从7月份公布的预算法修正草案看，未来的政府预算将分为公共预算、政府性基金预算、国有资本经营预算和社会保障预算，建立完整、独立且相互衔接的预算管理体系是未来政府预算管理的核心思想。此次预算法草案还要求对政府收入全额纳入预算，其中将国有资源有偿使用收入、转移性收入（包括一般和专项）和其他收入新纳入到公共预算管理。预算法草案里全额、分类及独立预算的思想旨在强化对地方政府财政纪律的监督，这势必会规范地方政府通过融资平台公司进行预算外融资的行为。长远看，加强对地方政府财政预算的管理必然形成地方政府投资冲动的掣肘，城投企业或逐步转化成自主管理，自负盈亏的普通国有企业。

总之，随着地方政府财政纪律的不断提高，城投债背后的政府信用将越来越少；而在经历了一系列调整整改后城投债的市政债烙印将逐步消失，这个过程或许会伴随着城投企业的一系列信用事件的发生，但风雨过后企业债市场将会更加健康。

结束语

在国家代地方政府发债的三年后，国务院于 2011 年 10 月 20 日推出了《2011 年地方政府自行发债试点办法》，上海市、浙江省、广东省、深圳市成为首批地方政府自行发债试点省市。虽然此次地方政府自行发债还是在中央政府制定的额度之内，其偿债方式也延续财政部代发的方式由财政部统一代偿，但是这无疑向市场发出中央表内化地方政府债务，整饬政府无序融资的思路和决心。未来，融资平台公司或可转型为从事实业的国有企业，亦可升级为国有资产管理公司，但基本的市场化的思路不会改变。伴随着地方政府融资渠道的增加以及财政纪律的不断加强，城投债或有望成为真正的企业债。

袁　杰 鹏华基金公司固定收益部研究员

企业债券融资与信用评级

◎蔡国喜 陶丽博

近年来，我国债券市场取得了长足的发展，债券融资在社会融资中占比不断提升，服务实体经济的能力显著增强。2012 年 7 月，企业债券融资占社会融资总量比例达到 24% 的高位，在当月银行信贷回落的情况下，推动社会融资规模同比实现较快增长。虽然我国债券市场广度和深度有所提升，但与发达国家相比，我国直接融资特别是债券直接融资的比重仍存在较大差距，发展空间广阔。根据公开数据，截至 2010 年底，美国企业债券余额相当于银行贷款余额的 207%，韩国为 54.45%，日本为 43.29%，而我国企业债券余额仅相当于银行贷款余额的 18.32%。在直接融资市场发展方兴未艾的背景之下，信用评级制度作为债券市场的基础性制度框架发挥着重要作用，也是债券市场运作框架中的重要内容。如何看待企业债券融资与信用评级的关系、危机后人们对这种关系的认识发生了什么变化以及我国债券融资与信用评级的关系如何，将是本文讨论的内容。

一、信用评级的产生和发展依托于债券市场的发展

从历史上看，信用评级的产生源于债券市场的发展需求。在信用评级行业起源地的美国，其债券市场首次发力于19世纪中后期工业化时期铁路债券的盛行。当时发行公司鱼龙混杂，信用质量存在极大差异。在直接融资市场上，投资者在作出投资决策时需要对市场中不同品种、不同行业的各类债券背后庞大的信息量进行分析筛选，而发行人也需要面向整个市场范围内的潜在投资群体推销自己以吸引资金。为降低市场投资者和发行者之间的信息不对称及随之产生的沟通成本，信用评级机构应运而生。

债券市场的深度发展促进评级行业的扩大及社会认可度的提高。20世纪以来，评级行业伴随美国债券市场亦步亦趋地发展：投资者结构的机构化特征和债券市场总需求扩大，使得信用评级所涉及的行业领域以及证券种类逐步扩大；经济大萧条等数次经济冲击对评级机构的风险监测功能加以验证，使投资人逐渐认识到信用评级对于投资决策的意义，评级机构社会认可度得到大大提高，市场对信用评级服务的需求也迅速增长；金融脱媒化和全球化浪潮在输出直接融资模式的同时，也促进了信用评级行业的国际化，使其同样在新兴市场国家落地生根，成为资本市场体系中不可或缺的组成部分。

二、信用评级在债券融资中发挥着重要作用

信用评级在债券融资中的直接作用表现为减少债券市场中投资人和

发行人之间的信息不对称，降低信息沟通成本。如果不借助外部评级，投资者需要对每一个债券进行分析，从中筛选出符合自身投资要求的债券品种。市场中发行的债券有不同的品种、来自不同的行业和国家，投资分析需要获取的信息量十分庞大，这需要投资者投入大量精力。而投资者最终选择的只是市场中很小的一部分，对投资者来说，对市场上发行的债券进行全面分析，无疑成本太高。信用评级机构作为独立第三方，充分发挥其信息收集与分析的规模效应与专业化分工优势，针对市场上不同品种、不同行业的债券，对相关市场公开信息与发行人内部信息进行加工转化、深度分析并发表专业评级意见。评级机构所出具的评级报告和信用等级能够有效帮助投资者了解投资对象，大大减少了投资者的信息搜寻成本，拓宽了投资者对投资对象的了解深度和宽度，从而有力促进投资者投资效率的提高。对于发行人来说，如果不借助评级机构，投资者和发行者采取直接沟通的形式，对发行者来说需要面对市场上所有潜在的投资者，其信息沟通成本十分高昂，发行者不可能接待每一个潜在投资者的来访，为每一个潜在投资者提供详细信息。评级机构的存在则有效解决了这一问题，评级机构代表投资者向发行者了解信息，发行者由面向市场所有投资者转为面向评级机构，信息提供成本大大降低。正是由于评级机构在债券信用风险揭示方面发挥的重要作用，评级机构被人们视为债券市场的“看门人”。

信用评级是债券风险定价的重要参考。不同投资者的内部评级运用不同的评级技术和评级程序，因此评级结果难以被其他投资者接受。专业评级机构采用系统性和一致性的评级方法和严格的评级程序，并且整个评级过程受监管部门的严格监管，因此评级结果受到市场投资者的普遍接受，也就成为投资者进行风险定价的重要依据。从市场实际情况看，成熟评级机构评出的风险等级与发行利率之间也体现出较好的对应关系。

三、金融危机后对信用评级的再认识

世纪之交举世哗然的安然事件以及之后的次贷危机和欧债危机中信用评级机构的表现引发了人们对信用评级机构的不信任和担忧，各国开始重新审视和讨论信用评级与资本市场的关系。在2007年次贷危机中，美国次级抵押贷款市场早在2006年就已经显现恶化势头，当市场传言贝尔斯登出现流动性问题时，评级机构并没有行动，而在传闻得到证实后，三家国际评级机构同时采取降级行动，之后引发全球金融市场剧烈震荡。因而，评级机构被指责为“事前预警不足，事后落井下石”。此后的欧债危机中，三家国际评级机构又屡屡调降欧元区国家主权评级，被深陷债务泥潭的欧洲国家视作金融危机重要推手，屡次在“关键时刻”搅动市场，打乱欧盟解决危机的步伐。本来被奉作债券市场“看门人”的评级机构在危机中被视作“搅局人”，人们在反思经验教训时对信用评级在债券市场的作用有了进一步认识。

一是此次危机中评级调整导致市场影响巨大暴露出市场和监管层对评级结果的过度使用和依赖。信用评级是对受评对象未来偿债能力和违约风险水平的判断，带有预测性质和主观判断，而且以获取信息客观充分为评判基础，因此不可避免会出现和实际不符的情况。然而，危机之前由于评级机构风险揭示作用逐渐发挥以及公信力的逐步建立，巴塞尔银行委员会、美国、欧洲等大多数国际监管机构和国家在其监管规则中均直接引用外部评级结果，从而赋予外部信用评级机构准监管地位。2002年美国证监会报告显示，至少有8部联邦法律、47部联邦监管法规、100多部地方性法律和监管规则将NRSRO评级结果作为监管基准。欧盟调查表明，信贷机构、投资公司、保险公司、再保险公司、职业退休年金机构、可转让集合投资证券等金融机构对于外部信用评级结果均有较大程度的依赖。由于监管机构和金融市场过多地将信用风险的认证职能外包给了评级机构，使投资者普遍采用和高度依赖外部评级造成市场投资决策趋同，导致在机构层面产生羊群行为。由此产生的后果是，信用评级的顺周期性导致评级结果一旦进行调整就极易引发峭壁效应，从而评级结果对金融市场具有潜在的系统性影响。正是认识到评级结果的过度使用，IMF 将评级机构在资本市场中的作用总结为信息、监测和认证三类角色，并认为评级行业应回归到其信息和监测的角色，逐渐弱化认证角色，回归评级行业作用的本源。

二是鉴于评级机构对于债券市场的巨大影响，危机后人们认识到须强化对信用评级的监管。尽管由于外界对评级机构评级结果的过度使用，导致评级结果对次贷危机和欧债危机产生推波助澜的作用，但不可否认的是，危机中也暴露出评级行业自身存在很多问题，集中体现在评级方法与模型存在缺陷，内部质量监控不力以及发行人付费模式带来严重的利益冲突等方面。然而金融危机之前，评级机构基本游离在政府监管之外，危机后人们意识到评级结果作为准公共产品对债券市场的影响堪比“原子弹”。为免债券市场“看门人”的评级机构变为债券市场“搅局人”，金融危机之后全球主要经济体都对如何规范发展评级行业予以了高度关注。自二十国集团（G20）在 2009 年伦敦峰会上达成较为一致的评级监管改革方向后，各国和地区相继采取一系列具体措施完善评级监管法律体系，着力改善评级机构内部治理、强化信息披露以提高评级的透明度、加强对评级行为的责任追究并推动信用评级付费模式的改革。

四、目前我国信用评级业发展面临的问题

评级行业的发展和规范与资本市场尤其是债券市场的发育程度紧密相关，我国也不例外。1987 年，我国为规范企业债券市场的发展，提出发展信用评级机构，信用评级行业由此开始起步。诞生以来，受限于市场环境等因素，评级行业的发展一直较为缓慢。2004 年之前，我国债券

市场绝大多数产品为国债、央票、政策性银行债等无风险品种，唯一的信用产品企业债券规模很小，加之市场主要投资者的监管机构特定的监管要求，多数债券由银行提供了担保，真正需要评级的信用类产品几乎没有。2004年商业银行次级债券的推出及随后短期融资券、中期票据等债务融资工具品种的不断丰富，促进了债券市场规模的扩大，也极大地促进了评级行业的发展。2007年10月银监会在《中国银监会关于有效防范企业债券担保风险的意见》中明确商业银行“原则上不再为公司证券出具担保”，投资者对通过信用评级进行风险揭示的需求更加强烈。由于信用债券类产品均要求强制评级，客观上投资者的评级需求也大大增加，评级行业发展加快，人员队伍、收入规模都相应有大幅增加，业务水平也有了一定提高。

随着债券市场向纵深发展，我国信用评级行业自身存在的问题逐步暴露出来，评级机构自身存在的利益冲突已经影响到评级结果的独立性和公正性，使信用评级成为债券市场发展的短板。尽管国际三大评级机构在危机中也暴露出比较严重的利益冲突问题，但我国评级机构与之相比级别竞争等不规范行为则严重得多。穆迪、标普一开始是以投资人付费的形式向市场出售评级报告并逐渐积累起市场声誉，经过上百年积累起来的市场声誉成为他们最有价值的资产，同时也对其业务行为形成一定的外部约束。而我国评级业是在上世纪90年代由政策推动形成，伴随着近年来信用债券市场的快速扩张，评级作为债券发行的必备要件为评级机构提供了业务保障，有力促进了评级业的发展。但是，由于目前我国评级机构尚处于谋求生存阶段，获取更大市场份额是其首要目标，在行业整体业务规模有保障的情况下，采用发行人付费模式的评级机构因“远水解不了近渴”而没有动力靠积累声誉去获取市场份额，相比之下级别竞争则成为争夺市场份额最直接有效的手段，也是其必然选择。尤其是公信力较差的新进评级机构因其声誉损失成本更低，更愿意通过给出较高级别去抢占市场份额，从而在市场上形成“劣币驱逐良币”的现象，进而引发整个评级行业陷入级别竞争的恶性循环。同时，我国债券市场尚无违约事件发生，评级机构的评级质量难以得到客观检验，这使得评级机构更加肆无忌惮地为抢夺市场份额开展激烈的级别竞争，从而导致级别的大幅上调，等级虚高现象严重。评级行业暴露出的这些问题，已经成为阻碍我国债券市场进一步发展的短板。

从整体发展水平来看，我国信用评级行业仍处于发展的初级阶段，市场公信力不足，投资者认可度较低，而形成这些问题也很大程度上源自债券市场发展所面临的一些瓶颈：一是同国外成熟的资本市场相比，我国债券市场仍处于发展初期，这也决定了我国评级行业尚处于初步发展阶段。一方面，由于政策作用或市场发育等因素，我国目前债券市场发行人以国内大中型工业企业为主，中小企业发行人仍然有限；另一方面，虽然近年来信用债券市场迅速扩张，但《证券法》中关于企业“公开发行的累计债券余额不超过净资产的40%”的规定，限制了企业的融资能力和债券市场规模。以上两个方面直接导致我国市场上对信用评级需求规模有限。二是债券投资者单一，限制了评级作用的发挥。从投资者队伍来看，目前我国机构投资者类型相对单一，大多为风险厌恶型，且在政策上存在一些信用级别的投资限制，投资者倾向投资高信用级别的债券，这一方面不利于高收益债券的发展，间接限制了信用评级的用武之地，另一方面也在一定程度上迫使发行人为追求高信用级别而给处于相对弱势的评级机构施加影响，不利于评级机构维持独立的立场。三是短暂的债券市场发展历史及薄弱的社会信用基础，未能为评级水平的提高提供充分沃土。外部评级机构的信誉建立在违约率对信用等级的检验基础之上，而我国债券市场发展较短，且发行过程尚未完全实现市场化，使得债券市场少有真正的违约事件发生，这导致外部评级的公信力难以得到检验，同时也使得评级机构难以根据足够的违约数据完善评级技术、积累评级经验。另外，目前我国的总体信用环境较差，社会信用基础较为薄弱，评级基础信息的可靠性保障程度低也限制了评级质量的提高。

五、推动我国信用评级业发展的有关建议

近几年，我国高度重视债券市场的发展，不断鼓励提高直接融资的占比，对于评级行业可谓是一大机遇。随着债券市场的扩容，发债主体从优质企业逐步拓展到低信用评级的企业将成为发展趋势，此时就更加需要评级机构的参与，发挥信用评级为投资人揭示风险的作用。危机以来，信用评级行业的发展得到党中央、国务院的高度重视。国务院总理温家宝2011年11月主持召开国务院常务会议，部署制订社会信用体系建设规划，强调应加快征信立法和制度建设，规范发展信用服务机构和评级机构。中国人民银行行长周小川12月25日在中国经济前瞻论坛上发表《关于信用评级的若干问题及展望》的重要演讲，指出应适度支持本土评级机构发展并不断完善评级行业监管。

作为债券市场的有机组成部分，信用评级与债券市场发展相互依赖、相互促进。要实现信用评级与债券市场发展的“双赢”局面，一方面需要突破债券市场存在的瓶颈和制约，为评级行业的发展提供良好的外围环境和动力；另一方面，通过提升评级机构自身实力，推动评级行业发展以弥补我国债券市场的发展短板，为促进我国资本市场健康可持续发展提供有力支持。在推动我国评级行业发展的举措方面，具体可考虑以下几个方面。

第一，系统规划评级行业发展，完善监管体系。在深入研究评级行业内在发展规律的基础上，结合我国实际，合理规划评级行业发展的路线图，使评级行业发展方向更明、路径更清。目前国务院已明确人民银行作为我国评级行业的主管部门，建议由人民银行牵头推动制定信用评级基础法律及配套规范，建立评级机构统一注册管理、业务按市场分离管理的监管机制，强化监管层面的交流与合作，强化利益冲突管理，逐步形成一整套评级机构准入、退出、评价及失信惩戒机制，加强从业人

员的认证和管理。

第二，要培育良好的外部环境。一是积极推动债券市场这一评级行业所依托的土壤规模扩大与功能提升，鼓励评级机构参与到创新业务以积累经验、完善技术；二是减少对外部评级的依赖，在监管政策中逐步弱化发行准入、投资管理方面对评级结果的要求，引导投资人理性客观看待评级作用，强化内外部评级的相互验证；三是探索双评级制度，从制度设计上约束评级机构以更加独立、客观、公正的立场开展评级；四是鼓励有条件的评级机构"走出去"，抓住人民币国际化及我国海外投资规模迅速增长带来的历史机遇，拓展国际业务，逐步扩大在国际资本市场的影响力。

第三，评级机构自身要稳扎稳打、苦练内功，逐步积累商誉、增强公信力。信用评级行业是知识和技术密集型行业，要树立公信力并能在国际市场立足绝非一日之功，需要评级机构自身不浮躁、不折腾，真正踏实做研究、做技术，探索促进评级行业健康发展的新举措、新模式，不断完善数据库，加强人才储备和自身实力积累，坚持独立、客观、公正地开展评级业务，以赢得市场的认可?

第四，鼓励评级机构运营模式的创新。我国评级机构主要采用的是发行人付费的营运模式，这是导致我国评级行业出现等级严重虚高的重要原因。而探索实行投资人付费模式的这一创新有利于促使评级真正回归到为投资者揭示发行主体或金融产品信用风险的基本定位，从根源上理顺评级机构与投资者扭曲的委托代理机制。从 2012 年推行的信贷资产证券化以及资产支持票据评级来看，均明确鼓励投资人付费模式，体现出监管部门鼓励评级机构运营模式创新的态度。

蔡国喜 | 中债资信评估有限责任公司总裁

陶丽博 | 中债资信评估有限责任公司研究开发部分析师

中国的彭博在哪里

做债券常识的传播者

◎郇公弟

债券，对大多数国人而言，依然是一个陌生的概念。而在现代金融体系中，债券的地位要远高于股票，美国债券市场规模是股票市场的数倍。可以肯定的是，未来几年内，债券将成为中国资本市场发展的主力军。这无论是对专业的金融机构，还是对企业、个人，都是巨大的机遇。了解债券、掌握债券，也就抓住了未来。

中国债券市场的发展，也亟需债券常识的传播者。在中国词汇里，“债”近似贬义词，“血债累累”“债台高筑”“恩不放债”“父债子还”等等，债主的地位近似“杀父仇人”。即使在今日，上市是巨大的政绩，发行债券则相形见绌。在这样的语境里，中国债券市场的发展就更需要常识的普及者，就更需要“中国的彭博”。

一、美国的彭博干啥的

有一则小故事，三个即将前往地狱的人，上帝只能满足每人一个愿望。结果美国人选了雪茄烟，法国人选了美女，而犹太人选了彭博终端机。确实，无论是对专业投资机构还是个人而言，彭博终端机已经代表了资本市场的入口，成为撬动整个资本市场的支点。

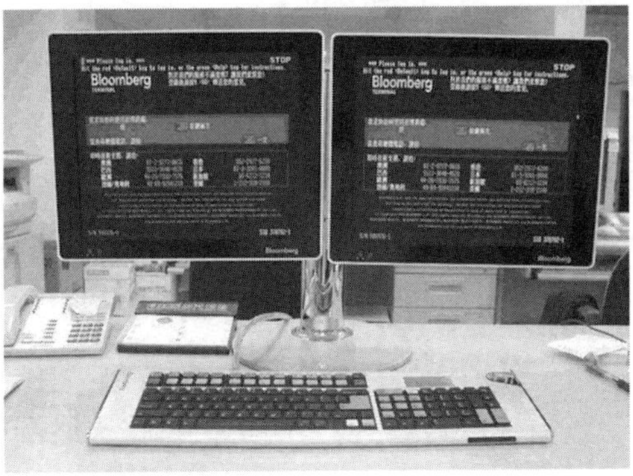

美国的彭博是干啥的？十多年前，当笔者还在北大念书的时候，在图书馆偶尔翻到一本书，书的名字有些怪异——《信息就是信息》。快速读完这本书，我没太弄明白“什么是信息”，却崇拜上了一个人——布隆伯格。这本布隆伯格的自传，讲述了一个成功的商业模式，讲述了一个商业传奇。这家 1981 年——也是我出生的那一年——成立的公司，在创立后 20 多年的时间里，每年均以 40% 的增长率高速成长，并最终在第 23 年超越了拥有 150 年历史的路透集团。

彭博公司就是由纽约现任市长布隆伯格创立的，如今是一家年销售额 80 多亿美元（500 多亿人民币）的巨型金融传媒集团。除了向专业金融机构提供资讯终端外，还作为通讯社每天 24 小时向全球所有媒体传输即时财经新闻，同时十几个电视频道在全球以 7 种语言全天候播放，以及拥有多个广播电台、杂志、图书、网站等等。在成立前 10 年的时间里，彭博专做债券，如今虽已覆盖股票、外汇、商品等多个领域，但仍以债券为主打。在美国，彭博不仅是专业的债券投资平台，更是面向普罗大众的债券常识传播者，是名副其实的债券传媒王国。

同时，彭博公司还提供全面的债券知识培训。彭博北京的办公室位于金融街，200 多平方米的培训教室装潢要远比苹果专卖店更注重客户体验，教室周围水草荡漾、金鱼畅游，同时提供各式冷饮、热饮、甜点等。几乎每天下午 5 点之后，这里都排排坐满，每周接受培训人数近 200 人，仅在北京全年就有近万人次接受彭博的专业金融知识培训。

彭博，不仅是债券信息王国，也不仅是全球资本市场的信息总汇，它还是“终端为王”的商业模式成功代表，更是个人掌控资本市场的支点，金融体系市场化的推进器。也正是因为有了彭博终端，美国数以万计的小型投资机构才有了存在的可能。上世纪八九十年代风靡美国的小型私募基金、对冲基金，基本是一台彭博终端机加一个分析师模式。在一个奥马哈小镇，其获得的投研支持与华尔街大型投行相比并无根本差异。

目前，全球大约有 30 万台彭博终端机，与路透终端机一起，占据了全球约 70% 的市场份额。从梵蒂冈教皇资产的管理，到华尔街职业金融从业者，再到全球各地的小微型基金，彭博终端成了全球金融投资的首选工作平台，成了金融投资“必备品”，也因此成就了一个年销售 80 多亿美元的大型集团。

彭博终端，本身已经成为金融市场的化身。展示市场、组织市场、推动市场，是彭博模式的三重功能。展示市场，一台终端在手，全球债券、股票、外汇等金融市场一览无余，数十万家企业财务数据，上万个模型和研究工具，它不仅提供金融投资的原材料，同时也是金融产品研发的“精密数控机床”。组织市场，30 万台彭博终端机连接了 30 万个一线金融交易人员，通过各种即时通讯工具可以随时找到交易对手，而彭博终端本身便是美国债券最大的场外交易组织者。推动市场，更是彭博新闻追求的境界，远在中东的彭博记者播发的输油管爆炸的突发新闻，将瞬间影响到美国债券的走势，而中国高官的某句讲话，也将反映到欧元的价格中。

这就是彭博的力量，也是金融信息行业的力量。只要有了终端机，不论你是在丽江竹屋，还是在北京胡同，乃至身陷囹圄，只要手头有个终端机，你就能连接到整个资本市场，参与到各类金融投资，就能够投资、赚钱。显然，中国的资本市场，也需要这样一台终端机。中国的资本市场，同样需要一个强覆盖的债券传媒，向专业的债券投资者，同时向企业、向个人，全覆盖地传播债券知识。无论是专业金融机构，还是企业、个人都在翘首以待，中国的彭博在哪里？

二、企业既是债券供应者也是债券投资者

无论如何，企业都应是债券市场的主角。企业，不仅是债券发行的主体，同样也是债券投资的主角。然而，由于种种历史原因，中国债券市场虽然总体规模不大，却多龙治水、政出多门，无论是发行、交易还是结算，都被分割成错综复杂的不同领域。对于初入债券市场的企业而言，犹如迷宫，往往不得其门而入。这时，债券信息终端就成为了企业的“迷宫导航图”，能够一站式地掌握整个债券市场，无论是发行还是投资，都将一目了然。

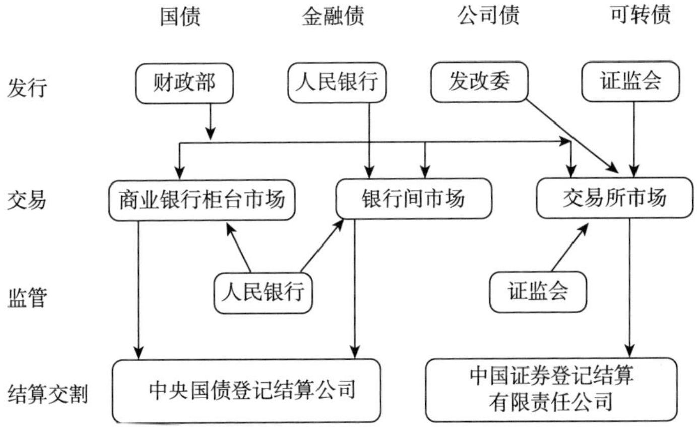

从发行方面来看，整个中国债券市场，已经发行信用债的企业只有2000家左右。相比之下，我国企业总数超过5000万家，即使剔除大量的小微企业，规模以上企业也有50余万家，基本都能满足净资产、盈利要求、经营年限等方面的发债要求。现实中真正发债企业不足潜在数量的

0.5%，其内在原因除了政策因素外，更主要的还是企业自身对债券市场不够了解、认识不足，这更显示了债券常识普及的重要性。

对众多企业而言，中国债券市场确实太过纷繁迷离。信用债的品种有企业债、公司债、短期融资券、中期票据、中小企业集合债、可转换公司债等等，中介机构有券商、银行、评级机构、会计师事务所、律师事务所等，而监管机构又有国家发改委、中国人民银行、中国证监会、中国银行间市场交易商协会等。对于实体企业来说，要找到适合自己的债券融资方式，确实需要耗费许多精力。

更关键的是，许多企业当前还尚未认识到债券融资对自身发展的重要性。充足的资金保障，是企业经营的重要前提，是在严酷的行业竞争中胜出的重要保障。比如2012年8月以来被炒得如火如荼的电商大战，其真正起因正是8月14日晚间苏宁发布公告，将发行80亿元公司债，这将为苏宁线上线下业务的发展提供强大的动力。8月15日，刘强东不得不微博挑起“价格大战”，而在随后的时间里，京东“雷声大雨点小”，很快处于下风，核心原因就在于京东一方面财力有限，另一方面主要依赖股权融资经营被掣肘，在这样的状况下，苏宁债权融资的优势就更为凸显，双方资本结构的不同也成为决定这场商战成败的关键因素。

如果从资本结构角度看京东、苏宁大战，债权融资比股权融资明显具有如下几点明显优势：首先，公司经营不必受债权人掣肘，不会丧失决策权；其次，筹资金额大、成本低，为商战提供雄厚财力保障；第三，筹资时间快，兵贵神速、唯快不破。因此，站在经营角度，企业要建立完善的资本结构，将债券融资作为企业竞争的有力武器，保障企业在商战中处于有利地位。

从投资方面来看，债券同样是企业进行资金管理的重要工具。我们可以从一个反面案例来看，贵州茅台是中国A股多年来的一只大牛股，过去5年茅台的股价翻了3倍，但与此同时其银行存款也从2007年的47.2亿元翻了4倍。根据公司公告，截至2012年6月30日，贵州茅台的货币资金达209.82亿元，其中银行存款209.79亿元，现金9.62万元，其他货币资金246.5万元。而在2011年，贵州茅台182.52亿的银行存款利息收益率仅为0.91%，不及1年期定存利率，更远不及CPI的增幅。

白酒行业的性质决定了茅台是一家现金流极其充足的企业，因此资金管理效率就显得极为重要。但200多亿元资金不到1%的回报，恰恰反映了这家企业的财务管理短板。要知道，同期一年期存款回报3.5%，短期国债利率也接近4%，AA级企业债到期收益率超过6.5%，A级更是达到8%，部分理财和信托产品则在10%以上。如果贵州茅台不是单纯将资金存入银行，即使是购买AA级别的债券，也至少可以多获得超过10亿元的现金收入，而其2011年全年的利润不过92.5亿元。

因此，对于一些现金流充裕的行业、企业，资金管理就显得尤其重要，债券市场就成为企业提高资金管理效率的有效手段。在我国，债券市场的违约率几乎等于零，在债券市场成立20多年来，还没有一起实质性的违约案例。即使出现违约，AA级以上的企业安全性依然是很高的。当前银行、保险公司等对债券投资的等级要求也即在AA级以上，这完全符合企业投资的标准。

实际上对企业而言，债券融资和债券投资最核心的出发点不应当仅仅是赚取多高的收益，更应当是基于严谨的财务规划，评估公司当前和未来的现金流，然后通过债券这一强有力的手段来平滑公司现金，保障公司的平稳健康运行。比如在当前资金紧缺时寻找合适时机发行债券，而在当前资金充裕而未来有可预期的现金支出时，通过投资不同期限的债券进行精确的匹配，就可以用于偿还未来的负债或现金支出。

因此，企业需要明白，债券投资的出发点并非收益率，而是未来财务规划。对于企业，首先需要进行较为准确的收支规划，预测未来不同时间点的收入和支出，随后你就可以发现债券市场是一个强大的工具库：它提供各式各样的期限结构，各式各样的远期期权，各式各样的利率管理工具，各式各样的风险对冲手段，助你进行精确资产负债管理和现金流管理。这样，企业的经营就可以利用债券市场这一得力的工具，减少运营风险，平滑现金收支，保障企业基业长青、持续经营。

无论是债券融资还是债券投资，面对纷繁的债券市场，企业都需要得力投资工具的支持。在美国，彭博终端就是这样的工具，它一站式地集成了债券行情、财务、分析工具、交易通道等等，是企业进入债券市场最为便捷的通道。

三、个人只能排队买国债吗

个人排队买国库券，在中国已经是几十年的老传统了，唯一的变化是现在排队也越来越难买到了。即使在今天的北京，如果某天的一大清早上班，还是能在银行门口看到排起的长长的队伍，大都是老爷子老太太一大早赶来买国债的。许多人六七点钟就早早起床，拿着小凳子等上两三个小时，一直到 9 点银行开门。但即使这样，如果碰到热销的某一期国债，往往连排在第一个的人都买不上。越来越多的人抱怨，买国债像中奖一样难，不是简简单单“秒杀”就行，还得靠运气以及其他不能明说的道道。

然而，掌握一定投资常识的人都明白，即使单纯从投资收益和风险看，国债都并不一定是最好的选择。在各类债券中，确实有许多更值得投资的好产品。只要在合适的时间，在合适的价钱上买，好多债券的收益要比国库券好很多，风险也并不比国债高。例如，笔者去年 9 月以 86 元价格买了“10 九华债”，票面利率 6. 93%，即使扣除 20% 所得税，实际收益利率也达 6. 4%，再加上 14 元到票面价格的差异，收益远远超过国库券。当时，许多企业债券都跌得非常惨，如果能够做到心中有数，就能及时抓住机会，买到收益更好的产品。此外，对买不到国库券的人来说，可以考虑买债券型基金、债券型理财产品，这些基金本身就投资国债、金融债以及高收益的票据，而且可以充分利用回购等方法放大资金量，提高资金效益。许多债券基金收益稳定，也超过了国债。许多老百姓正是对债券市场不甚了解，将排队买国库券作为唯一选择，自然也就对各类“曲线投资”敬而远之。

同样，对于个人而言，也不能简单地将债券作为赚取超常收益的工具，它更强大的功能是辅助个人的人生规划，辅助家庭整个生命周期的理财规划。对于一个家庭而言，未来多年的生命轨迹基本是可以预测的。在每一个阶段，父母的工资收入、资本收入情况，以及生活支出、购房、子女教育、医疗、养老等主要开支都可以有一个大致明确的时间规划。而为了有一个平安稳定的生活，债券市场就可以成为支撑家庭幸福的一大支柱。比如刚刚生下孩子的父母，可以预计 6 年后孩子要上小学，18 年后孩子要上大学，那选择近似期限的债券，就可以保障在孩子开学前能够拿出足够的现金来支付学费。

当然，单纯的债券也无法满足整个家庭的总体理财需求，一个家庭也需要完善的资产组合来总体调配不同时间节点的收入与开支。现金、存款、股票、债券、基金、财险、寿险等各类工具，都具备不同的资金管理功能，通过合理的规划就能够为不同家庭配置不同的资产比例，辅助家庭平稳的生活。从发达国家来看，由于债券所具有的优良属性，在家庭财产配置中一般都占到一半比重甚至更高，在养老金等长期资产配置中甚至占到 80% 以上的比重。因此对个人而言，要了解债券市场的特性，更要了解自身的财务状况，这样就可以做到为我所用、得心应手，让债券产品成为提高人生质量的得力工具。

然而从我国实际情况来看，要真正利用完善的资产市场服务人生规划的目标，还有相当的距离。这不仅是由于经济不稳定、政策不稳定等导致个人难以对未来数年状况进行准确估计，同样是由于资本市场各类金融产品依然不完备，比如债券种类相当少，对个人投资有种种限制，风险管理工具缺乏等。“巧妇难为无米之炊”，在这样的状况下，要做到精确的人生理财规划往往难以实现。但即使如此，存款也不应是家庭的唯一选择，合理利用现有的资源，依然可以有效地辅助人生规划。随着资本市场的发展，更关键的是百姓的金融知识同样需要一个不断积累、不断完善的过程，对投资者、对普罗大众的金融教育非常关键。

相比于企业而言，向百姓普及债券常识、金融常识，就显得更为迫切。这里不得不提到，百姓金融常识匮乏，同样有媒体方面的原因，“中国的彭博”依然缺位。业内人士指出，我国当前还存在财经媒体和财经报道队伍与蓬勃发展的资本市场不适应的状况。有关统计数据表明，我国目前共有近 2000 家报纸，泛经济类的报纸只有 100 多种，不到 6%；以“财经”类命名的省级以上电视频道 20 多个，财经节目所占其播出时间超过一半的不到 10 个；网站共有 130 多万家，专业财经类和有财经频道的网站有 500 多家，有原创专业财经新闻的网站更少；全国媒体从业人员 100 多万，专门从事财经报道的不足 1 万人，所占比例不到 1%。

财经媒体在向个人、家庭传播金融知识方面起到的作用不容置疑。相比于股票、基金、银行理财等产品，个人对债券的了解更是少之又少，相对应的，在我国各大财经报纸、电视台乃至各大门户网站，债券相关内容的介绍非常匮乏。在这样的状况下，我们更要呼吁，中国的彭博在哪里？

四、中国缺乏大量的债券专业人员

在我国，不仅企业和个人缺乏对债券市场的了解，更为关键的是，在各大金融机构中，仍然存在巨大的专业债券人员缺口。在当前我国银行、券商、保险、基金、信托等机构中，包括债券发行人员、债券投资人员、债券交易人员以及债券分析师等在内，具备全面、专业的债券知识的相关人员不过 10 万人。粗略估算，未来十年我国所需要的债券专业人才，包括发行、投资、交易以及分析师在内，要超过 100 万人；如果再加上相关企业的债券专业财务经理、家庭理财规划师等在内，这一人员需求就更是庞大。我国债券市场要发展，巨大的人才缺口需要弥补，债券常识的传播需要更庞大的“传道士”队伍。

债券发行人员，包括券商和银行的投行人士，以及相关专业律师、会计师、审计师、财务顾问等，是企业发行债券的专业辅导队伍，是向企业传播债券常识和债券专业知识的主力军。如前所言，中国债券市场多龙治水、门路复杂，债券种类繁多，债券市场入市门槛不一，这就必然需要专业投行人士担任企业发债辅导。当前我国符合发债要求的企业有数十万家，有发债融资现实需求的企业数量更为庞大，债券发展依然是一片“蓝海”，各金融机构需要储备大量债券专业人员进行客户开发。实际上，最近两年来中国股市低迷，上市 IPO 步伐放缓，债券融资规模加快，各大金融机构在大力缩减股票部门的同时，债券发行部门队伍却在不断扩大。在各大招聘网站，当前最火热的招聘岗位便是债券发行承销人员，可见这一市场当前已经开始发酵、膨大。

债券投资人员，包括各大金融机构的自营业务、资金管理、风险管理等相关部门，构成了当前金融机构债券专业人员的主力。比如在银行，除了贷款外，债券便是最重要的资产类别，保险公司债券在总资产中占比甚至达到 80% 以上，相关法律也严格规定了银行、保险公司持有债券的最低比例。此外，随着银行理财产品、投资连接类保险的火爆，银行、保险公司将债券进行打包、再销售，这便开发了债券零售的巨大市场，同样需要大量的专业人员。同时，在基金、券商集合理财、信托等产品中，债券类品种的比例也越来越大。除了高端私人银行外，更普遍的家庭理财顾问更是一个尚未开发的庞大市场，需要具备专业的债券配置知识，这一人才缺口巨大。

债券交易人员，包括在银行间市场和交易所市场进行交易的专业人员，当前我国的相关人员储备数量还非常少。比如具备银行间市场债券交易资格的人员不过 2000 人，交易所市场更多由股票交易人员兼任。随着债券品种的复杂，如债券期货期权、利率衍生产品、资产支持证券等不断出现，对固定收益类交易人员提出了极高的专业要求。在我国，债券交易人员的数量和水平，都存在巨大的提升空间。

此外，债券分析师队伍，以及为金融机构、企业和家庭服务的资产组合经理，在我国还处于一个萌芽阶段。比如当前银行的对公业务很少涉及企业现金资产的管理，对公理财产品才刚刚起步；而私人银行部门还仅限于数量极少的高端客户，广大的个人客户还只是揽储的对象。如此海量企业、个人客户的债券专业服务，各大金融机构同样需要巨量的人员储备和培训，未来这将成为人才需求最迫切的领域。

然而，即使在专业金融机构里，当前的债券专业培训还都尚未形成体系，更多的是师傅带徒弟的“传帮带”模式，难以找到系统的培训课程和培训教材。如前所言，彭博一项重要的营销手段就是组织培训，这既带动了彭博产品的销售，更重要的是也帮助金融机构培养了相关专业人员。曾经有一位中国人民银行人士告诉笔者，他本人对于外汇的专业知识，有80%是通过参加彭博的专业培训学习到的。“中国的彭博”同样也需要针对中国的债券市场，开发专门的债券培训课程，在提供债券信息终端的同时，组织培训相关债券发行人员、投资人员、交易人员和分析人员等，这将是“中国彭博”的使命。

五、中国债券市场处于爆发的前夜

无论是对专业金融机构，还是对个人、企业，债券常识普及不仅是重要的，同样是迫切的。种种迹象表明，中国债券市场正处在爆发式发展的前夜。今年以来，债券市场政策放宽的信号此起彼伏，先是证监会主席郭树清在交易所市场力推中小企业私募债、中金所试点国债期货，随后银行间市场宣布AA级以上短融券与中期票据不再相互占用额度，而最近发改委企业债又传出了将审批制转变为备案制的改革声音。几大市场良性竞争，中国债券市场扩容的号角已经吹响。

无论从总量还是结构上看，中国债券市场都存在巨大的发展空间。截至2011年底，中国债券市场存量22万亿，不到GDP的一半；相比之下美国债券存量为GDP的两倍多。简单类比可见中国债券市场仍有数倍的发展空间。而从结构上看，我国债券市场的国债、金融债占据过大比重，企业信用类债券明显偏少，当前企业债也主要以央企、大型企业为主，广大的中小企业基本无缘债券市场，同时，规模更为庞大的衍生品、资产支持证券等，在我国还尚处于萌芽阶段。

与债券一样，中国的整个资产管理市场，同样处于一个萌芽阶段。

一方面是数百万家企业融资困难，另一方面是百姓理财渠道匮乏，居民储蓄率超过50%。我们总是着眼于公众企业，而我国已经发行股票、债券的“公众企业”总数不超过5000家，相对于全国50万家大型企业、120万家中型企业、200万家小型企业、数千万家微型企业，公众企业不过九牛之一毛。对个人而言，金融知识的匮乏就更为明显。一个极端的例子是，上海黄金交易所的门口每天还有人排队去买金戒指，工作人员不得不贴一个公告，说明黄金交易所不卖金戒指。

而在债券市场发展中，缺乏专业、完善的债券信息平台，也是我国债券市场的一大软肋。随着中国债券市场规模的壮大和品种的丰富，将为债券信息企业的发展提供难得的历史机遇。债券信息企业的壮大，同样是中国债券市场发展的重要条件。原银监会主席刘明康曾经说过，金融信息是金融工作的基础，金融机构要提高核心竞争力，迫切需要培养一支专家型队伍，能够及时地掌握金融信息、解读金融信息，提高对金融信息分析研判的能力，并且运用到实际工作中去。

金融交易的主要成本，就是信息成本。对于债券交易而言，金融信息企业有助于打破信息壁垒，提高市场报价等信息的透明度，是推动金融体系市场化不可缺少的重要角色。而在中国债券市场，恰恰缺乏这样的企业。如果说金融是经济的血液，那么信息就是金融的经脉。市场需要资讯，传播引导资本。纵观世界金融市场数百年的发展历史，什么样的金融信息服务，就支撑并引导着什么样的资本市场。信息流和资金流已经成为资本市场的两大最基本的要素。从某种意义上说，金融市场的信息能否被全面、客观、实时、准确地采集、加工、分析、传播，构成了一个金融市场的基础，决定了一个金融市场能否健康发展的方向。

中国债券市场即将爆发式增长，债券投资需要信息终端的支持，金融机构存在大量的债券专业人员缺口，企业、家庭亟需债券常识的传播者。在此状况下，市场在呼唤：“中国的彭博在哪里?”

郇公弟《 中诚信资讯副总裁

资本

债　券　融　资

1

Capital

案　例

中国长江三峡集团公司债券融资

◎向　松

谈债券融资，不能不提中国长江三峡集团公司（以下简称“三峡集团”）。三峡集团的债券融资极具代表性。首先，三峡集团发行的债券品种齐全，期限1年到30年不等，满足了企业不同期限与用途的资金需求。其次，三峡集团发行的三峡债券品种的不断创新，成为中国企业债券市场的一个典型代表和龙头产品。

三峡集团通过债券融资累计融资达785亿元，债券融资成为三峡集团的重要融资渠道。

一、三峡集团债券融资情况

三峡集团对债券融资渠道颇为倚重，自1997年成功发行“96三峡债”，截至2012年6月，其累计债券融资达785亿元（其中：短期融资券240亿元，中期票据200亿元，企业债345亿元），债券融资成为三峡集团运营与三峡工程建设的一个重要融资渠道。

表 1　　三峡集团债券融资情况

债券类型	债券名称	发行日期	期限	利率	额度	债项评级
短期融资券						
	11 三峡 CP01	2011－05－20	366 天	4.13%	100 亿	A－1
	12 三峡 CP001	2012－04－12	365 天	4.07%	100 亿	A－1
	12 三峡 CP002	2012－06－19	365 天	3.25%	40 亿	A－1
中期票据						
	11 三峡 MTN1	2011－07－27	3 年	5.36%	50 亿	AAA
	11 三峡 MTN2	2011－10－25	3 年	5.24%	80 亿	AAA
	12 三峡 MTN1	2012－03－08	7 年	4.71%	70 亿	AAA
企业债						
	96 三峡债	1997－02－28	3 年	11%	10 亿	AAA
	98 三峡债	1999－01－18	3 年	5.6%	10 亿	AAA
		2000－07－25	8 年	6.2%	10 亿	AAA
	99 三峡债	2001－11－08	10 年	基准利率+1.75%	30 亿	AAA
	01 三峡债	2002－09－20	10 年	基准利率+1.75%，发行首年利率 4%	20 亿	AAA
			15 年	5.21%	30 亿	AAA
	02 三峡债	2003－08－01	20 年	4.76%	50 亿	AAA
	03 三峡债	2006－05－11	30 年	4.86%	30 亿	AAA
	06 三峡债	2007－06－26	20 年	4.15%	30 亿	AAA
	07 三峡债	2009－04－08	10 年	4.98%	25 亿	AAA
	09 三峡债		5 年	3.45%	70 亿	AAA
			7 年	4.05%	30 亿	AAA

注：基准利率为发行首日和其他各计息年度起息日适用的中国人民银行公布的一年期整存整取定期储蓄存款利率。

二、齐全的品种满足了企业不同期限的资金需求

三峡集团发行的债券品种齐全，既有短期融资品种短期融资券，也

有中长期融资品种中期票据与企业债，期限1年到30年不等，涵盖了企业短、中、长不同期限的资金需求，满足了企业债务偿还、流动资金补充与固定资产建设等不同用途的资金需求。

1. 短期融资券：短期资金来源

三峡集团于2011年首发“11三峡CP01”，至今，共发行了3种短期融资券，累积融资额为240亿元，用于补充三峡集团生产经营过程中的流动资金（85亿元）和偿还到期债务（155亿元）。

短期融资券是指具有法人资格的非金融企业在银行间债券市场发行的、约定在1年内还本付息的债务融资工具，由中国银行间市场交易商协会负责受理其发行注册。短期融资券主要用于流动资金周转、置换银行借款，其具有一次注册可分期发行，发行方式较为灵活，与短期贷款利率相比成本较低等优点。

三峡集团具有发行短期融资券需求。2011年时，随着三峡电站机组的投产，发行人本部及下属公司发电资产规模大幅增加，修理费、保养费、管理费等电力生产营运资金需求增加。同时三峡集团下属长江电力与三峡新能源共有高达上百亿元的短期借款与一年内到期的长期借款需要偿还。同时从债务结构上来看，公司一直以长期债务融资为主，债务长期化特征明显，需要通过发行短期融资券来优化债务结构。

同时，三峡集团也具备发行短期融资券的实力。首先，企业整体盈利能力强。受电价调升以及三峡发电机组陆续投产使得企业受益于售电量增长，三峡集团主营业务收入和净利润无论在规模上还是增长速度上，可非常可观，且随着未来金沙江下游梯级电站逐步投产发电，以及风电等可再生能源项目经济效益提升，企业整体盈利能力有望进一步增强。其次，企业具有良好的短期偿债能力。受益于国家相关政策的支持，公司资本金充足，资产负债率及总资本化比率长期控制在低位运行，且企业的流动比率也优于行业平均水平，短期偿债能力强。第三，企业具备充沛的现金流。2008～2010年，三峡集团经营活动与筹资活动的现金净流量基本能够覆盖投资活动所产生的现金需求，现金流结构较为稳健，同时从规模上来说，三峡集团 2008 年、2009 年和 2010 年经营活动产生的现金流入分别为 319.29 亿元、357.06 亿元和 354.97 亿元，基本保持稳定，为企业发行短期融资券提供了良好的条件。

基于上述情况，三峡集团 2011 年与 2012 年通过发行短期融资券筹集 240 亿元的资金。其中 155 亿元用于偿还到期账务、降低融资成本、优化债务结构，余下 85 亿元用于补充总公司及下属子公司的运营资金需求。

2. 中期票据：中长期资金的来源

三峡集团于 2011 年首发“ 11 三峡 MTN1”，至今，共发行了 3 种中期融资券，累积融资额为 200 亿元，主要用于金沙江下游溪洛渡和向家坝水电站建设（180 亿元），部分用于补充流动资金（20 亿元）。

中期票据是指具有法人资格的非金融企业在银行间债券市场按照计划分期发行的，约定在一定期限还本付息的债务融资工具，由中国银行间市场交易商协会负责受理其发行注册。与同为中国银行间市场交易商协会负责受理其发行注册的短期融资券相比，中期票据的主要区别有二：首先，募集资金除了可用于置换银行借款外，还可用于补充中长期流动资金与项目建设；其次，发行期限更长，通常为 3 ~ 5 年，能满足更长期限的资金需求。

三峡集团发行的 3 种中期票据的期限分别为 3 年、3 年、7 年，其募集的资金主要用于金沙江下游溪洛渡和向家坝水电站建设，这两处水电站均计划于 2015 年完工，因此三峡集团通过发行中期票据很好地解决了工程建设所需的剩余资金。

3. 企业债：长期建设资金的主要来源

三峡集团对企业债券融资可谓情有独钟，自 1997 年成功发行“96 三峡债”，截至目前，总共发行了 12 种企业债券，累计融资达 345 亿元，所募资金主要用于工程项目的建设，将企业债券作为三峡工程建设的一个重要融资工具，并创造了中国企业债券市场的多项第一。

三峡集团如此钟情于将企业债作为长期建设资金的主要来源，原因主要有四个。

（1）企业债券资金流特点与三峡项目资金流相互匹配

三峡工程是一个多目标开发的水利枢纽工程，反映在融资上有以下特点：项目工期长，投资规模较大，且资金需求不均衡，发电前期资金缺口大，发电后有比较稳定、充足的现金流入。这一项目现金流特点最适合在项目建设期发行企业债券募集中长期的建设资金，而项目未来可实现的稳定的现金流将足以保证债券的本息兑付。鉴于 1997 年大江将要实现截流，三峡集团在 1996 年就预感到，又一轮资金需求高峰即将到来，而这轮高峰是用政策性投入根本顶不住的。在仔细分析了一些国际大型水电项目的资金运作过程后，三峡集团最终确定了为滚动开发服务的滚动发债融资方案。

（2）企业债券融资有利于降低企业融资成本，优化企业资本结构

与商业银行贷款相比，三峡集团通过发行企业债券的融资成本相对较低，如 20 年期的“02 三峡债”，每年按 4.76% 的固定利率水平向投资者付息，20 年期“06 三峡债”的年固定利率只有 4.15%，而当时我国 5 年期以上的商业银行贷款年利率已提高至 7.83%。

而与股权融资相比，发债主体虽然要向投资人支付固定的利息回报，但债务融资同时向企业提供了税前付息的“税盾”优势，有利于企业融资成本的降低。而且适度比例的债务融资将有利于企业资本结构的优化，在未来项目逐渐走向盈利时，可为股东带来成倍放大的财务杠杆效应。

（3）低于同行业的负债率水平，为企业债券的滚动发行提供空间

债券的本息偿还对发债企业来讲将形成财务上的硬约束，一旦企业债券本息支付发生逾期，将对企业的市场信用造成巨大的负面影响，对企业未来融资也将带来不利影响，因而企业发债时必须充分考虑未来的偿付能力。企业的偿付能力取决于企业未来现金流的情况，同时也取决于企业发债前资产负债率水平的高低。在项目建设之初，因传统银行信贷不愿涉足，三峡集团的初始资金主要来自于国家的初始资本金投入，

因而企业的负债率远低于同行业平均水平，这为企业滚动发债融资提供了较大的空间。

以2009～2011年为例，三峡集团的资产负债率水平保持稳定，处于30%左右（见表2）。而国外同类企业一般将这个比率控制在60%以内。可见在已发行了多期企业债券提高了负债融资比重后，三峡集团的资产负债率仍维持在一个安全合理的水平。

表2　2009～2011年三峡集团资产负债率（%）

	2009年12月31日	2010年12月31日	2011年12月31日
资产负债率	32.04	27.98	32.14

（4）债券品种的持续创新和成功发行，是提升企业品牌价值的好机会

中央直属企业、国家重点建设工程项目法人单位等，三峡集团头上的这些光环，为三峡债券镀上了一个耀眼的“金边”，即便是在企业发行债券需要国务院特批的1999年和2001年，三峡集团也稳获发债额度，因而三峡集团具有发债的天然的高市场信用度。同时，持续的三峡债发行和发行中让人耳目一新的债券品种创新，使每一次三峡债的发行都成为提升企业市场品牌价值的好机会。投资者是三峡集团的债权人，而每一次投资都排队争购三峡债券，都是在为企业做活广告。尤其是当“96三峡债”、“98三峡债”的成功全部兑付及其他期债券利息的及时全额偿付，使“三峡债”的品牌效应进一步得以提升。这一切都使得三峡债的发行已成为三峡集团品牌战略的重要组成部分。

4. 三种债券融资方式的比较

纵观三峡集团的债券融资历程，其针对不同期限与用途的资金需求分别发行了短期融资券、中期票据与企业债三种种类债券品种。那么三种债券融资品种的有何区别呢？我们将这三大类债券的融资工具进行了一个比较，见表3。

表 3　　　　三种债券融资工具的比较

<table>
<tr><th></th><th>企业债</th><th>短期融资券</th><th>中期票据</th></tr>
<tr><td>主管机关</td><td>国家发改委</td><td>中国人民银行</td><td>中国人民银行</td></tr>
<tr><td>批准方式</td><td>核准制</td><td>注册制</td><td>注册制</td></tr>
<tr><td>融资期限</td><td>以 5～10 年为主</td><td>1 年以内</td><td>3 年和 5 年为主</td></tr>
<tr><td>发行主体</td><td>非上市公司</td><td>非上市公司和上市公司</td><td>非上市公司和上市公司</td></tr>
<tr><td>评级要求</td><td>需要</td><td>需要</td><td>需要</td></tr>
<tr><td rowspan="2">主要财务要求</td><td>最近三年平均可分配利润足以支付债券一年期利息</td><td rowspan="2">未偿还债券总额不超过净资产的 40%</td><td>最近三年平均可分配利润足以支付债券一年期利息</td></tr>
<tr><td>未偿还债券总额不超过净资产的 40%</td><td>未偿还债券总额不超过净资产的 40%</td></tr>
<tr><td>交易市场</td><td>银行间市场和交易所</td><td>银行间市场</td><td>银行间市场</td></tr>
<tr><td>投资者</td><td>银行、保险机构、基金及个人投资者</td><td>银行为主</td><td>银行为主</td></tr>
<tr><td>募集资金用途</td><td>主要为项目投资，也可用于补充营运资金，调整债务机构和收购资产等</td><td>一般性的资金用途</td><td>一般性的资金用途和项目投资</td></tr>
<tr><td>审批时间</td><td>三个月左右</td><td>两个月左右</td><td>三个月左右</td></tr>
</table>

三、企业债券品种的不断创新

三峡集团在通过企业债券实现融资的同时，更为可贵的是，在企业债券的品种设计上不断创新，在很大程度上推动了中国企业债券市场的发展。

1. “96 三峡债”：首吃螃蟹

我国企业债券的发行始于 1984 年，但在 90 年代初，曾出现了一些中短期地方企业债券无法按期兑付的情况，并间接导致了一批新兴信托投资公司破产，1993 年新颁布的《企业债券管理条例》就是在这种背景下出台的。因而可以说“96 三峡债”是在经历过 1993 年以前的一场大乱后，在中国企业债券市场还不十分成熟的情况下发行的。

不记名实物券形式的“96 三峡债”，3 年期，固定利率，可自由上市流通，准国债的信誉级别，受到了投资者的欢迎，并打破了中国企业债券市场多年来的沉寂，为中国企业债券市场带来了新的生机。同时从三峡集团角度看，发行三峡企业债券不仅开辟了新的筹资渠道，降低了筹资成本，而且对树立三峡集团的企业形象，规范三峡集团的企业行为，加快总公司现代企业制度的建设步伐，都具有积极而深远的意义。

2. “98 三峡债”：我国第一只附息式企业债券

“98 三峡债”的总发行规模为人民币 20 亿元，分 3 年期和 8 年期两种，规模各 10 亿元。其中，3 年期按单利计息，到期一次还本付息，这是我国企业债券付息方式一贯采用的方法；而 8 年期债券为创新品种，每年付息一次，到期一次还本，这是我国第一只附息式企业债券。

这一付息方式的改变有利于提高长期债券的投资价值。对于投资者来说长期债券由于期限长，不确定因素多，投资的风险较大。发行人要想获得投资者认可，需减少和分散投资的风险，提高债券的收益率。每年付息的方式与一次还本付息的方式比较，前者可以在票面利率相同的情况下提高债券的实际收益率。而且附息式企业债券更适合企业债券的上市交易，提高债券的流动性。

3. “99 三峡债”：我国首只浮动利率企业债券

三峡集团于2000 年 7 月发行的“99 三峡债”改变了过去我国企业债券固定利率的一贯做法，采取浮动利率，因此成为我国首只浮动利率企业债券。此前只有国债和金融债券才采取浮动利率，“99 三峡债”意味着继国债、金融债券之后，中国企业债券中第一次出现了与市场接轨的浮动利率债券。

针对长期债券时间跨度大和债券发行时对市场利率处于历史低点的判断，三峡集团在债券利率方式上大胆创新，采取以银行存款利率为基准的浮动利率方式，能够使公司和投资者共同承担未来利率变动的风险，提高投资者对于长期债券的认同程度。而发行浮动利率债券要求发行企业有更强的利率风险管理的能力，也足见三峡集团对企业财务风险管理的信心和勇气。

4. “01、02 三峡债”：融资规模的不断扩大

2001 年，三峡集团发行了“01 三峡债”，该期企业债券发行总规模高达 50 亿元，包括 20 亿元的浮动利率债券品种和 30 亿元的固定利率债券品种，50 亿元的发行规模再次刷新了我国单期企业债券融资规模的市场记录。

2002 年，三峡集团发行“02 三峡债”。本期债券与“01 三峡债”的总融资规模相同，但因“01 三峡债”为同期发行两种债券，总融资规模为 50 亿元，因而“02 三峡债”的发行创下了单期单种企业债券发行规模达 50 亿元的新纪录。50 亿元的庞大规模融资，“01 三峡债”和“02 三峡债”仍受到市场投资者的热情认购，足以说明投资者对三峡集团市场信用和未来盈利能力的信心。而从三峡集团角度看，在项目初期的净投入阶段，公司顺利获得了长期稳定的资金来源。

5. “03 三峡债”：期限设计再创新

我国传统的企业债券期限结构以 3 年期、5 年期为主，“98、01、02 三峡债”的期限分别为 8 年、15 年和 20 年，这些都是当时企业债券市场期限最长的品种，而“03 三峡债”高达 30 年的期限，再次引起了市场的关注，创下了我国企业债券发行历史上期限最长的纪录。

从三峡集团讲，通过债券发行的期限创新，将不同期限企业债券进行组合发售，有利于企业实现长短期资金来源期限结构的合理化。但总体上，三峡集团发行的企业债券期限较长，这主要是由三峡工程投资建设周期较长决定的。另一方面在企业判断市场资金成本处于较低的时期，

通过发行长期企业债券，尤其是发行长期固定利率债券，有利于企业规避市场利率风险，降低直接融资的成本。

6. “06 三峡债”：实现无担保企债“零”的突破

债券本质上是信用产品，可以说发行债券就是发行“信用”。信用水平不同，筹资成本就有差异。因此，为债券定价，很大程度上是为企业的信用定价。但很长时间以来，我国监管部门要求企业发行债券时必须提供担保，发债人的信用基本被忽略掉了，债券评级实际上变成主要为担保人评级。

2006 年我国企业债券市场上，最引人注目的当属首只无担保企业债券“06 三峡债”的面市。2006 年 5 月 11 日，三峡集团成功发行了 30 亿元的 20 年期企业债券。与以往不同的是，这只债券没有由任何银行或机构担保，是第一只真正意义上凭借企业自身信用发行的无担保债券，结束了中国企业债券发行必须有担保的历史，实现了企业债券向信用产品的本质回归。

为什么“06 三峡债”可以向债券担保说“不”呢？

首先，从外部条件看，进行无担保债券的试点是主管部门为推动我国债券市场化发展作出的一次选择。

其次，经过多年运营，三峡集团已经具备了不依赖担保便可以获得较高信用级别的能力。作为大型发电企业，三峡集团主业突出，财务结构良好，拥有大量优质的水电资产，项目本身符合国家产业政策，具有较强的现金流产出和盈利能力。而且“06 三峡债”是三峡机组发电之后三峡集团发行的第一笔企业债券，债券期限 20 年，还本日期为 2026 年。届时，三峡工程和金沙江下游四个梯级电站项目将全部竣工，三峡集团水电装机容量将超过 6360 万千瓦，年发电量将超过 3000 亿千瓦时，仅水力发电业务收入就将超过 600 亿元。因此，依自身实力，三峡集团足以按期偿还到期债务。

再次，三峡集团通过长期滚动债务融资，在市场上已经树立了良好的形象和完整的信用记录，具有坚实的投资者基础和强大的市场影响力。

四、三峡集团债券融资分析

15 年时间内，三峡集团通过债券融资累计融资达 785 亿元，债券融资成为三峡集团的重要融资渠道。三峡集团之所以对债券融资渠道如此倚重，是因为债券融资有独特的优势，其可在不稀释股权的前提下，以较低的成本满足企业业务发展需求，并具有极好的经济利益与社会效应。

1. 与同期银行长期贷款相比，债券融资的成本优势明显

与同期银行贷款相比，债券融资的成本更低。可以说无论贷款利率处于升息或是降息周期中，资质较好的企业发行企业债融资都比银行贷款利率低。如 20 年期的“02 三峡债”，每年按 4. 76% 的固定利率水平向投资者付息，20 年期“06 三峡债”的年固定利率只有 4. 15%，而当时我国 5 年期以上的商业银行贷款年利率已提高至 7. 83%。

另外，通过市场发行债券融资，融资的成本均是一目了然，而银行贷款则可能有较高的隐形成本。

2. 债券融资有显著的经济效益

首先，通过债券融资合理增加企业负债，提高股东可支配资金规模，在投资回报率（ROA）不变的情况下，大幅度提高净资产收益率（ROE）和净利润规模。

其次，通过税收屏蔽效应增加经济利益，债券募集资金用于三峡工程的建设，则利息将资本化为固定资产，逐步通过折旧在税前扣除；同时通过将募集资金用于置换贷款或补充营运资金，则利息直接记入财务费用于税前扣除；无论所募资金是用于三峡工程的建设、偿还贷款还是补充流动资金，均具有显著的避税功能。

3. 债券融资的社会效应明显

债券融资有利于发行人树立良好的形象，在国内外资本市场上扩大知名度和影响力，社会效益非常显著。

第一，有利于树立良好的政府形象。企业通过债券发行公开融资需经过几个国家相关主管部门的核准和审批，这在客观上帮助企业树立了“实力雄厚”的良好形象。

第二，有利于树立良好的市场形象。债券市场参与者多是主流机构投资者，包括商业银行、保险公司、农信社、财务公司、基金公司和证券公司等众多金融机构，发行债券有助于扩大投资者群体，提高企业知名度。

通过发行债券，与政府部门以及投资者沟通，帮助企业在政府处树立“实力雄厚”以及在资本市场上树立良好的信用形象，为公司今后持续融资、实现战略目标打下基础。

向　松　万联证券投资银行部

“兜底”失水海龙，市场容忍度何在

中国信用债痛失第一例违约

◎崔晓航

“蛟龙擘水争驰逐”，出自宋代诗人曾巩《南湖行》，意指蛟龙乘风破浪，一往直前。

山东海龙，一个主要从事粘胶纤维和帘帆布生产销售的企业，也曾如这样一条“擘水蛟龙”，在行业的激烈竞争中脱颖而出，连续多年被评为“中国化纤行业竞争力前十强”企业。

1996年12月，山东海龙在深圳证券交易所挂牌上市。公司第一大股东潍坊市投资公司为山东省潍坊市政府投资设立的全资子公司，持有16.24%的股权。

“走向卓越，众志成龙”，海龙公司的主页上写着这样一句话，然而海龙并没有像期许的那样一直“走向卓越”，反而陷入了严重的偿债危机。

2011年4月15日，山东海龙发行“11海龙CP01”短期融资券，规模4亿元，期限1年，票面利率为5.8%，由恒丰银行担任主承销商，用以公司满足生产经营流动资金的需求，到期一次性还本付息。

然而，就在此次融资后不足三个月，山东海龙接连曝出负面消息：

资金链极度紧张、所有者权益出现负数、遭遇连续降级、逾期贷款累积余额剧增……这一切，压得昔日的“擘水蛟龙”毫无喘息之机，风光不再。

潍坊，山东海龙，北濒渤海，南依沂山，昔日明星企业，如今，何以如蛟龙失水，搁浅至岸滩？

深陷窘境，年内四度遭降级

“这钟去年就已经停了，估计以后也不会再走了。”山东海龙一名员工指着公司总部一立柱上的巨大时钟，无奈地感叹道。

此时的海龙，也已如这停摆的时钟。上至中高层干部，下至一线工人，甚至是退休员工，无不为这家老牌上市公司的未来而焦虑着。

“11 海龙 CP01”由山东海龙 2011 年 4 月在银行间市场发行的短期融资券。短期融资券是非金融企业发行的、约定在 1 年内还本付息的短期债务融资工具，由央行属下的银行间市场交易商协会主管。联合资信确定山东海龙主体长期信用等级为 A +，确定“11 海龙 CP01”短期融资券信用等级为 A－1，为最高级短期债券。

但从 2011 年以来，山东海龙经营状况和财务状况急剧恶化，山东海龙在《2011 年度业绩预亏公告》中称，2011 年全年，归属于山东海龙股东的净利润约为亏损 10.02 亿元，与 2010 年相比，亏损增长幅度为 145.88%，陷入资不抵债的窘境。

2011 年 6 月 1 日，山东海龙收到《中国证券监督管理委员会调查通知书》，因涉嫌违反证券法，被证监会立案调查。次日，开盘后，山东海龙暴跌 8.27%。

虽然海龙没有披露被调查的具体原因，但考虑到投资者的利益，2011 年 6 月 24 日，联合资信将山东海龙列入信用评级观察名单。

2011 年 9 月 5 日，山东海龙因巨额违规担保，被实行特别处理，戴帽“ST”。2010年末，山东海龙违规对外担保金额达4.23亿元，占2010年期末审计净资产的43.96%，既未履行担保程序，也未履行及时披露义务。至今，山东海龙仍未解决上述违规担保。

2011年9月15日，因“生产成本大幅上升，债务负担持续加重，公司生产经营压力加大”，联合资信决定将公司的主体长期信用等级由“A+”调整为“A-”，评级展望由“稳定”调整为“负面”，同时将“11海龙CP01”的债项信用等级由“A-1”调整为“A-2”，成为2011年首只被下调评级的债券。

2011年12月19日，因“下游需求萎缩，公司基本面进一步恶化，债务违约风险显著上升”，联合资信决定将公司的主体长期信用等级由“A-”调整为“BB+”，评级展望维持“负面”，同时将“11海龙CP01”的债项信用等级由“A-2”调整为“B”。

2012年2月15日，因公司“经营及财务状况进一步恶化，信用风险进一步增加，偿债能力趋弱”，联合资信决定将山东海龙主体长期信用等级由“BB+”继续下调至“CCC”，评级展望为“负面”，并将存续短期融资券“11海龙CP01”的信用等级由“B”下调至“C”，以反映其还本付息能力很低，违约风险较高的信用状况。这是债券市场近6年来首只C级短期融资券。

表1　山东海龙被实施处理概览

时间	实施处理的主体	对海龙主体的影响	对海龙短融债的影响	理由
2011.06.01	证监会	收到《中国证券监督管理委员会调查通知书》，被证监会立案调查	—	涉嫌违反《证券法》
2011.06.24	联合资信	被列入信用评级观察名单	—	1. 立案调查结果有待确认 2. 公司重大经营亏损 3. 大规模高层人事变动 4. 保护投资者利益
2011.09.05	深交所	戴帽“ST”	—	1. 连续两年亏损 2. 巨额违规担保

续表

时间	实施处理的主体	对海龙主体的影响	对海龙短融债的影响	理由
2011. 09. 15	联合资信	由“A+”下调为“A-” 由“稳定”调整为“负面”	由“A-1”下调为“A-2”	1. 生产成本大幅上升 2. 行业同质化竞争激烈 3. 盈利能力下降 4. 或有负债数额巨大
2011. 12. 19	联合资信	由“A-”下调为“BB+” 评级展望维持“负面”	由“A-2”下调为“B”	1. 下游需求萎缩 2. 公司基本面恶化 3. 收入规模严重萎缩 4. 负债水平显著上升、亏损额较上半年进一步扩大 5. 所有者权益为-2.46亿元，已资不抵债
2012. 02. 15	联合资信	由“BB+”下调至“CCC” 评级展望维持“负面”	由“B”下调至“C”	1. 净利润为-10.02亿元，亏损额较2010年上升145.88% 2. 公司及控股子公司涉及多项诉讼 3. 资金链极度紧张 4. 信用风险进一步增加，偿付能力弱

资金链断裂，或成“福禧第二”？

看到这样一个评级结果，不得不令人回想起6年前的“福禧事件”。

在中国的债券历史中，上一次大幅度的调低信用评级是“福禧事件”。当时的上海远东资信评估有限公司将中国福禧投资有限公司发行的“06福禧CP01”短期融资券信用等级，一次性降低到最低等级C级，福禧事件也由此引发了中国债券历史上第一次短期融资券的偿债危机。

2006年7月“东窗事发”，福禧投资被查出违规拆借32亿元的上海社保基金，用于购买沪杭高速上海段30年的收费经营权，很蹊跷的一点是，作为民营企业，福禧投资的业务范围均是一般民营资本难以企及的高速公路等项目。

事件发生以后，福禧投资的主要财产遭到法院的冻结，资金链断裂，10亿元的“06福禧CP01”短期融资券直接面临无法偿付的风险。

由于“福禧债”事件的信息不透明，使得上海远东资信无法及时获取评级所需信息。考虑到该事件的重大影响，远东资信不得不选择将福禧投资发行的“06福禧CP01”短期融资券信用等级一次性降低到最低C级，导致了市场出现不计成本的抛售，出现了面值六折成交的情况。

虽说最终福禧短期融资券以疑似政府援助的方式“按期足额兑付”，但这种严重的情况还是让许多市场参与者至今仍然印象深刻。

“福禧事件”中，资金链断裂是导致其短期融资券偿付危机、遭遇降级的直接原因。如今，山东海龙也正面临着这样一场“资金保卫战”。

公司发布的最新公告称，2012年3月13日至3月22日，山东海龙逾期贷款再次增加1.58亿元，占最近一期审计净资产的100.08%，这是ST海龙2012年以来金额最大的一笔新增逾期贷款，至此，山东海龙逾期贷款额度总计达8.79亿元，占最近一期经审计净资产的556.72%；截至4月10日，累计逾期贷款总额达9.2亿元，占最近一期审计净资产的582%。

根据公司此前公告，至2012年1月5日，ST海龙申请的贷款逾期金额总计达3.97亿元；1月5日至2月6日，新增逾期贷款金额为1.29亿元；2月7日至3月1日期间，新增逾期贷款金额为0.85亿元；3月2日至3月12日，新增逾期贷款1.49亿元。

面对不断增加的逾期贷款金额，ST海龙一再声称“上述逾期贷款尚未对公司及控股子公司生产经营造成重大影响”。

而这种声明似乎是无力的，公告日后再过20多天的4月15日，即是山东海龙4亿元短期融资券“11海龙CP01”的到期兑付日。6年前的“福禧事件”，难道会在财务紧张、资金链断裂的山东海龙身上再次上演?

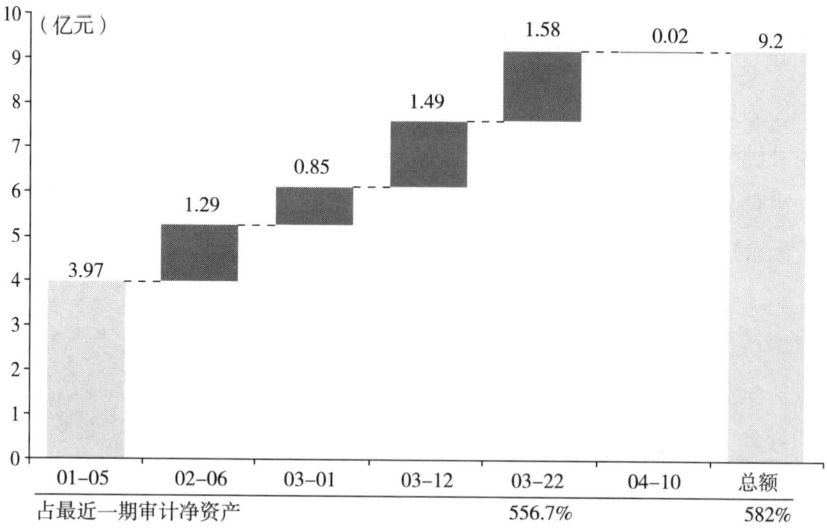

图1　2012年1月至海龙债兑付日前公司累计逾期贷款一览

“欠银行的，我们认，但欠供货商的，有些我们根本没理由认！”

中午12点，山东海龙的员工从车间或办公室中陆续出来，走向公司食堂，或是附近的家属院。

表面上看起来，这家目前正处在舆论中心的老牌上市公司秩序还算比较正常。但这看似平静的背后，每个人的心里都在为这家上市公司的命运和自己的去向担忧着。

海龙的外债构成主要分成两部分，一部分是银行等金融机构的贷款，另一部分是亏欠供货商的应付账款。“欠债还钱，天经地义”，但同样是欠债，海龙内部人士对这两部分外债的态度却有着很大的不同。

“欠银行的，我们认，但欠供货商的，有些我们根本没理由认，因为这些供货商与海龙不是正常的原材料交易，而是变相掏空海龙的资产。”

一位海龙中层管理人员如是说。

"有些已经走掉的高管，也是靠这种方法，将企业收益转移出去，并装入个人腰包。"这种说法在海龙内部也已是不争的事实。

资料显示，山东海龙有很大一部分的原材料是以远高于同期市价的价格进行交易的。"原料价格高位运行，产品成本居高不下"，正是造成2010及2011年预亏公告中巨额亏损的主因。

2010年全年，山东海龙应付账款数额由1.46亿元上升至4.77亿元，上升226.71%；仅2011年前三季度，这一数额便从4.77亿元升至8.98亿元，上升88.26%。但是在同期，山东海龙主要生产原料的价格虽然略有上涨，但涨幅最高的也并没有超过70%。这些数据无疑印证了以上说法。

改组无望，或现首例违约信用债

"海龙的问题有两个方面，一个是如何解决债务和贷款违约，这个是救急；另外一个是如何完成企业重组，这个是治本。但这两个问题又牵连在一起。"山东潍坊某商界人士如是表示。

第一次改组尝试：寿光晨鸣

2011年5月9日，ST海龙的控股股东潍坊市投资公司引入寿光晨鸣集团试图进行改组，双方签订《国有法人股份之授权经营和管理协议》，授权晨鸣对山东海龙进行托管。

晨鸣的到来带来了4.8亿元的资金，但是资金到账后不久就被银行扣除3亿多元，用于偿还银行逾期贷款，只剩余1亿多元用于改善生产经营。

2011年8月，山东海龙公告称，《国有法人股份之授权经营和管理协议》被解除，寿光晨鸣不再对山东海龙负有托管责任。市场猜测，晨鸣

“被巨额债务窟窿吓走了”，从晨鸣托管山东海龙，再到“黯然”退出，不过短短3个月左右的时间。

至此，第一次改组尝试宣告失败。

第二次改组尝试：中国恒天

2011年8月22日，ST海龙发布消息称，与中国恒天集团有初步合作意向，但其间的合作进展异常缓慢。

2011年11月8日，ST海龙公告称，“为尽快促进ST海龙经营正常化”，恒天集团将设立全资子公司，尽快签订委托加工协议。但2012年1月4日的公告称，因“种种原因”，公司未能与恒天签署委托加工协议。

“ST海龙的事情很复杂，涉及到投资者、债权人、管理层、员工等当事利益方。”这可能是阻碍重组的最大屏障。

2012年3月29日，ST海龙发布公告称，由于公司债务负担较重，“与中国恒天集团的协商，未取得实质性进展，恒天与ST海龙至今未签署相关合作协议”。

重组再次以失败告终。

重组的努力屡遭挫败，海龙短期融资券也将马上进入偿付期，共需支付本息约4.2亿元，这对现金流极度紧张的ST海龙形成了巨大的挑战，已经沦为垃圾债的“11海龙CP01”也很可能成为国内首只高收益信用违约债，开启中国债市违约的先河。

“完全沦为豪赌工具，分析财报已无任何意义”

就ST海龙目前的财务状况、债务状况来看，靠自己的力量还上这笔短融债显然已是不可能的了。

“市场都在关注这个事情，山东海龙自身的违约几成定局，但监管层的态度会对市场造成很大的影响，各方都还在观望。”某债券高级分析师如是分析，“像海龙债这种情况，违约不违约，分析它的财务报表已经没有意义了。而当地政府是否选择为其‘兜底’，才是问题的关键。”

从交易记录中看，“11 海龙 CP01”的交易一直比较清淡，最近曝出一系列的问题后，更没有人愿意去碰这只短期融资券。“11 海龙 CP01”已经被降级为垃圾债，中债估值收益率已经突破 117%，是一般短期融资券的 18 倍，一旦兑付成功，债券持有人将获得巨额的收益。如此，如果有外来资金进入交易，则必定是“投机资金”。

从中债公司的交易数据来看，“11 海龙 CP01”的最后一次交易发生在 2011 年 9 月 22 日，此后就一直处于无交易状态。但是在 2012 年 2 月 14 日，即联合资信将该短融券的评级降为 C 级的前一天，该短融券在后台共发生两笔交易，总结算金额达 1.2 亿元，这笔资金很可能是以投机为目的而参与的。

“11 海龙 CP01 现在已经彻底沦为了豪赌工具，就是赌当地政府是否‘兜底’，就是赌作为主承销商的恒丰银行是否会投钱保证兑付。”某固定收益总部副总经理这样评价。

兑付公告悄然出现，“痛失”第一例违约

2012 年 4 月 15 日，是否会成为中国债券历史上具有里程碑意义的一天？

如果海龙短融最终违约，尽管违约的规模很小，但是会打破市场对政府以及银行隐性兜底的传统概念，对市场的信用风险偏好会产生明显的负面效应；如果海龙短融能够顺利兑付，则会进一步强化政府对债券违约零容忍的市场预期，这样，短期受益最大的将是政府背景最强的国有企业，如城投债等高收益品种。

对于这只多年来罕见的“垃圾债”是否会违约，是否会成为信用市场的分水岭，众多投资者在观望，市场也在观望。

然而，国内信用债的首例违约，这次似乎是落了空了。

2012 年 4 月 9 日，就在“11 海龙 CP01”兑付日的前一周，海龙短融券的兑付公告悄然出现在了中国债券信息网上。公告称：“托管在中央国债登记结算有限责任公司的债券，其兑付资金由中央国债登记结算有限责任公司划付至债券持有人指定的银行账户。”虽然仍然存在很多的不确定性，但是这只垃圾债的违约警报可以说是已经解除了。

接连而来的问题就是，还债的钱是从哪里来的？海龙的公告给我们提供了详尽的答案。

2012 年 3 月 13 日，在 ST 海龙召开的股东大会上，共 15 项担保议案被逐项审议通过，涉及金额共计 11.31 亿元，共涉及 9 家银行，分别是交通银行潍坊分行、中国银行安丘支行、建设银行寒亭支行、工商银行安丘支行、潍坊银行、青岛银行、兴业银行青岛分行、海阳农信联社和农业银行坊子支行。这其中最引人注目的应该是交通银行和兴业银行为 ST 海龙提供的三笔共计 4.4 亿元的综合授信和贷款，这笔资金刚好可以堵上将在 2012 年 4 月 15 日到期的“11 海龙 CP01”的资金缺口。

这看起来并不十分合乎逻辑，本是以追求盈利性、流动性、安全性为目标的商业银行，为何要组成这样一个“敢死队”，来共同为一个已经资不抵债的公司担保？

“为了解决 11 海龙 CP01 短融券的兑付问题，将由银行暂时提供一笔过渡资金，同时潍坊市政府为这笔资金提供担保。”ST 海龙公司董事会秘书的一句话似乎让一切都变得合乎逻辑、顺理成章。

原来是政府“兜底”，让深陷违约泥潭的海龙再获生机！海龙债事件也由此化“悲”为“喜”。

2012 年 4 月 16 日，“11 海龙 CP01”4 亿元短期融资券完成到期兑付，这场中国债券市场上自从 6 年前“福禧事件”以来最受关注的信用债危机就此收场。

面对着 C 级垃圾债和谐闭幕的“大团圆”结局，我们不知是该笑还是该哭？

也许，这本就是一个预设的剧情，演员只能是按照剧本来演罢了。

相关方角度：多维“心理”分析

海龙短融券最终以政府“兜底”的方式解除了违约警告，对于这样一个结果，我们不妨从各个相关方的角度分析一下各方的“心理”。

潍坊市政府角度

从当地政府的角度来看，政府肯定不希望海龙债违约，甚至可以说是“不能”让海龙债违约。

为什么呢？政府应该主要在考虑三方面的因素。

其一，因为毕竟中国债券市场上从来没有过真正意义的违约事件，而潍坊市政府肯定不希望去开这个先河，否则，一旦违约，政府要丢了“面子”，以后再想出来发债可就难了。

其二，海龙出了这么大的问题，在救或者不救之间，政府似乎别无选择，政府不会让海龙破产。海龙共有将近八千名在职职工，再加上家属以及被牵涉到的退休职工，总共约两万多人，在整个潍坊市这样的企业也不多。如果政府不管，很可能由经济问题转化为社会问题。

其三，海龙对外担保额巨大，海龙一旦破产，必定引发“多米诺骨牌”效应，对潍坊其他的企业造成重大冲击，这也是潍坊市政府所不愿意看到的。

山东海龙自身角度

海龙需要很好地权衡银行逾期贷款与短融债兑付“孰先孰后”、“孰轻孰重”的问题。

如果靠自己的力量自筹资金来兑付本息共 4.2 亿多元的短期融资券，这无疑会招致债权银行的“谴责”，因为在短融兑付之前，还有 9 亿多元的逾期贷款未偿还。由此看来，海龙“不能”也“不敢”以自筹资金来偿还这笔短期融资券的本息。

所以，海龙短期融资券不能不兑付，但又不能靠自己的力量自筹资金来兑付，而是要靠外部力量的支持来兑付——这是海龙的逻辑。

承销商角度

恒丰银行是此次“11 海龙 CP01”短期融资券的主承销商。从承销商的角度分析，承销商必定不会眼睁睁地看其违约而“坐视不管”，因为违约会致使自己的“信誉”严重受损，影响自己以后的业务。所以承销商肯定要想办法，不能任其违约。

从“福禧事件”的经验中，我们也可以找到承销商的这一逻辑。2006 年短期融资券“06 福禧 CP01”面临偿付危机时，作为主承销商的工商银行牵头成立了债权人委员会，随即积极开展了维权工作，最终，同样是在监管部门和政府的推动和支持下，化解了一场信用危机。

海龙短融券投资者角度

海龙短期融资券如期兑付，受益最大的莫过于该短融券的投资者了。

“11 海龙 CP01”被降为垃圾债后，收益率一度突破 117%，是普通短期融资券 18 倍之多。此次兑付成功，“11 海龙 CP01”给短融债持有人带来了高额收益。

众多投资者中，华商基金是购买海龙短期融资券的唯一一家公募基金公司，在海龙短融债兑付公告发布之前，“为防范风险、保护基金持有人利益”，华商基金以自由资金买下了其旗下华商稳定增利债券基金持有的全部“11 海龙 CP01”。同时公告称，如果“11 海龙 CP01”到期兑付，所获收益全部归华商稳定增利债券型证券投资基金所有。

按照华商基金的逻辑，此举无疑是很好地保护了基金持有人。虽然海龙短期融资券大概只占华商稳定增利债券型基金资产净值的 2%，分摊到每份基金后，可能只有几厘的浮动。但是，出于担心海龙短期融资券到期无法兑付，使得基金持有人蒙受损失，华商基金仍然选择了“兜底”的做法。4 月 9 日的兑付公告，使得华商基金悬着的心终于可以放下了。

信用评级机构角度

在此次海龙短融债兑付危机中，同样被推向风口浪尖的还有信用评级机构。

在6年前的"福禧事件"中，因信息不透明，远东资信最开始没有获取有效信息，事情恶化之后，只能将其信用评级一次性降到C级，令投资者措手不及，产生了严重的负面影响。

联合资信这次采取的是逐步连续降级的方式，努力将该事件的影响降到最低。但是，很遗憾的是，联合资信对山东海龙的降级依旧有些"姗姗来迟"。事实上，山东海龙的经营问题由来已久，并且早在2011年6月初就被证监会立案调查，但是直到6月24日才被列入信用评级观察名单；山东海龙在8月22日和9月2日进行了重组事宜的公告，并且9月5日被戴帽"ST"，但是联合资信直到9月15日才对山东海龙进行降级处理。

评级行业问题的产生由来已久，这次海龙短融券兑付危机的出现无疑又给国内评级机构重重的一击，评级机构的公信力也受到了严重的损害，正如一位交易员所言："在这样的市场中，评级机构评来评去，又有何用?"

业内感叹：中国没有信用危机！

在市场中众多业内人士和媒体的期待甚至有些兴奋的观望等待后，违约危机最终流产，市场一片感叹之声：中国没有信用危机！因为永远有政府在"兜底"。这无疑是中国信用债市场的悲哀。

从市场的反应中可以看出，业内和舆论对这样一个结果的失望是显而易见的。

"听到山东海龙没有违约的消息其实蛮失望的，这是市场的倒退。对于这样一个资不抵债的公司，地方政府一直隐性担保的话，那城投债就可以闭着眼睛买了！这是市场的一种扭曲。”某债券分析师坦言道，“海龙债的兑付，将使中国债券市场又一次错失了市场化的契机。”

海龙债在临危前“突围”，躲过了违约大劫，这正是在向所有的投资者传递一个信息：买债券再也不用看公司的财务状况和债券收益了，只要看公司的背景就可以了！同时，也让所有的发债企业看到：只要能与政府和银行扯上“关系”，背靠大树，偿债绝对不再是问题！

一位业内人士打了这样一个比方：“把一个经济体比作一个火山的话，时不时地冒个小泡，说明没有多大的问题；但是如果一直压着它不让它出问题，那么未来很可能出现严重的系统性问题。”

如果一味地压制问题、避开违约，那么投资者对信用风险的认识和投资能力就无法得到市场化的锻炼，而后续的持续发展，如信用风险规避工具、高收益债市场等，这一系列创新就更无从谈起。

海龙短期融资券的兑付虽然在短期内化解了偿付危机，但是站在整个市场发展的角度，从长远来看，将严重有碍于国内信用债市的健康和全面发展，不利于建立真正意义的信用债市场。

政府“兜底”，市场容忍度何在

海龙短融券的兑付危机再次挑战了信用债市场中政府违约零容忍的底线，最终的顺利兑付则进一步强化了政府对债券违约零容忍的市场预期。

若不能够容忍信用违约事件的发生，投资者投资过程中的信用风险意识则不能够得到强化和历练，也无法形成对投资风险“买者自负”的机制。

长远来说，信用债市场的健康发展是需要有违约事件出现的。如果一直没有风险事件发生，这个市场就不是完善的、有效的。违约事件的发生是信用债市场走向成熟的“质的飞跃点”，这次没有出现在海龙短期融资券上，将来必定会出现在其他债券上。然而，这次海龙债“突围”，使债券市场市场化的时间点又一次被延后了。

真正意义上的债券市场一定是容许违约事件出现的，如果所有的债券都不能违约，那么最终将导致债券的“同质化”，不利于市场信用风险意识的进化和完善，不利于建立起真正意义的信用债市场。

建立健全的信用债市场，提高市场容忍度是关键。容许有降级，容许有违约，这样，中国的债券市场才可能成长为完整而有效的市场。

崔晓航 | 北京大学研究生

资本

债　券　融　资

①

Capital

讲　座

中国信用债券市场发展现状及风险管理建议

◎高　坚

近年来，中国信用债券市场蓬勃发展，新举措不断。特别是2007年交易商协会成立以来，在人民银行的领导下，先后推出了中期票据、短期融资券、私募债券、信用风险缓释工具等新产品，用创新活跃了信用债券市场。同时交易商协会高度重视市场组织建设、制度建设和信用风险的防范，相继成立了中债信用增进投资股份有限公司和中债资信评估有限责任公司，进一步完善了市场基础设施，给银行间债券市场的发展创造了有利条件。2012年上半年，信用债发行规模达到1.46万亿元，同比增长达40%，占同期金融机构人民币贷款比重提高至30%，已成为各类企业重要的融资渠道。在当前"稳增长"的政策下，信用债的发展极大地促进了宏观经济调控政策的针对性和灵活性，同时也优化了社会融资总量结构，推进了利率市场化进程。

回顾历史，20年前我国还没有形成一个债券市场，没有机构投资者，没有二级交易市场，更谈不上登记、托管、结算系统。当时财政部发债，都要依靠国务院专门机构协调在全国各省进行行政摊派。1997年建立银行间债券市场是中国债券发展史上的一个标志性事件，债券市场从此进入加速发展轨道。1998年国家开发银行率先在银行间债券市场实现市场化招标发债，1999 年财政部和中国进出口银行也先后进入银行间市场启动市场化发债，2004 年中国农业发展银行实现市场化发债。至此，中国银行间市场的债券发行全部实现了市场化，由市场决定发行人融资成本。2011 年底，中国债券存量已达到 21.4 万亿元，成为亚洲第二、全球第四大债券市场，不仅国债、金融债市场形成可观规模，信用债也蓬勃发展起来，与发达国家市场不断接近。可以说，我们用了几十年的时间，走了发达国家上百年的道路，取得了巨大的成绩。

下面，重点谈谈对信用债券市场发展和信用风险管理的认识。

第一，债务资本市场的发展与完善具有重要意义。债务资本市场作为资本市场的基础组成部分，不仅提供了重要的融资渠道，还构建了市场收益率的基准，反映了宏观经济状况和信用周期。在成熟的市场经济中，债务资本市场是资本市场的基石，也是本国货币走向国际舞台的基础。2008 年以来发生的美欧国际金融危机，对资本市场的发展模式产生了冲击，大量质疑纷沓而来。但投资银行业务模式、创新金融衍生产品仍然代表了金融发展的方向，因为它们可以降低交易成本，提高金融的效率。以前，我们一直以西方经济学为指导来制定政策。理性人和全面均衡是西方经济学两个最基本的假定。但是，理性人的假定受到了挑战，因为接受同样的信息，个体可能会有不同的反应，这是因为每个人的理性本身是不同的。金融危机以来的一系列事件，要求我们不断探寻新的经济学理论来解决现实难题，但这绝不是让我们在实践上裹足不前，理论与实践从来都是相互校正、相互促进的。

第二，全面理解债券的信用风险。信用产品的出现，对风险管理提出了新的要求。以前我国没有信用债券的概念，企业发行债券都需要担保，投资者购买国债等债券考虑的主要是市场风险，对信用风险的认识需要一个过程。

首先是风险的表现。企业在市场上发债，他们的信用水平由企业价值决定，高风险高回报。风险表现在经营、管理以及企业发行债券后市场情况的变化等多个方面，也包含地震、海啸、战争等其他不可预见的因素。

其次是对风险的度量。现在主要是通过对相关信息的掌握，通过评级公司的专业处理，对风险的信息进行等级判断，从而了解企业的风险状况。本次金融危机以来，评级机构的表现备受质疑，美国大的评级公司对市场参与者的信用评级接连出现失误，事前不能提供正确信息，事后落井下石，这需要我们进一步反思。

再次是风险的对冲和分散机制。资产负债管理、期货交易和金融衍生产品都是对冲风险的手段，而资产组合多样化等方式则是对市场风险的分散。当市场发生重大变化的时候，则更需要通过增加资本金、压力测试等方式，加强对风险的识别与控制，并运用前中后台的综合风险控制来加以管理。市场只能对风险进行有限的判断，所以要借助评级公司，依靠收益率曲线、中债指数等手段进行风险的评估和管理。但由于信息不对称，这些手段不能从根本上解决问题，所以要求银行在资本充足率、单一项目投资的资本占用以及风险权重等方面采用统一的标准，以防范风险。

最后，现在风险管理还没有实现对宏观和微观风险的综合管理。以美国次贷危机为例，宏观层面上，美联储货币政策导致系统性风险产生，微观层面上，金融机构的风险管理也有问题。近些年来，虽然我们的风险管理有了明显进步，但未来则需要对宏观与微观的风险进行全面研究和管理。

第三，中国信用债券市场发展的重大意义。过去大家比较重视股票市场，因为股票市场在国家经济体制改革、企业股份制改造和上市中起到了重要作用。但这些年股市逐渐暴露出一些问题，如股价的波动缺少基准等，这是因为我们缺少一个发达的债务资本市场，无法为股票定价提供基准。大体上来讲，根据国债和企业债的收益率，就能够基本确定一个企业发行股票的价格。比如，现在30年期国债收益率是4.5%，中石油、中石化发行企业债的收益率是6%，那么发行股票的收益率就应该是8%～10%，也就是说市盈率在10～12.5倍之间比较合理。因为资金可以在股票市场和债券市场之间流动，自动实现平衡。但实际上我国股票市场上的市盈率在很长时间内都超过了合理的区间，很多较差的企业市盈率却很高，所以我们的债券市场有待进一步发展。信用债券与股票之间有着更高的相关性，对整个资本市场的发展具有重大意义。

金融市场的发展要实现以下几方面的功能和作用：第一，要提高储蓄转化为投资的效率；第二，要减少市场的交易成本；第三，要防范金融市场的风险，保持市场的稳定。

随着市场的发展，大家对“债”的理解有一个转变的过程。在债券市场发展的早期，大家都认为债券是一个负面的东西，而现在却开始抢购债券，这体现了一种观念的转变。现在，债券可以在市场上流通，还可以用来构建资产组合，进行流动性管理，某些债券还可以用作抵质押。债券的作用不断扩大，对债券的理解就与原来不同了。

第四，对中国债券市场发展的几点建议。

首先，债券市场的发展需要政府的主导。央行作为主管部门，应继续加强对银行间债券市场的指导。

其次，继续大力发展债券市场基础设施建设，进一步完善评级制度。评级业在中国刚刚起步，在起步阶段，交易商协会借鉴美国评级业的经验，推动设立了中债资信评估有限责任公司。我们不能让其他国家的金融机构左右中国的信用评级行业，我们要发展自己的评级机构，给市场一个公正的判断。

再次，加大境内债券市场开放，重视发展离岸人民币债券市场。人民币正在逐步国际化，在世界贸易结算和投融资中发挥着越来越重要的作用。中国作为世界第二大经济体，人民币也应有相应的地位。人民币的地位是由人民币资本市场发展程度决定的，“人民币走出去”的战略需要发达的人民币资本市场来支持。美元的地位在很大程度上取决于美国有世界上最发达、流动性最好、效率最高的资本市场，如果人民币有同样发达、开放的资本市场，那么人民币的地位自然就会提高。在这样的基础上，外汇监管和人民币自由兑换等问题才能得到更好的解决。近年来，境外人民币债券市场发展势头良好，香港作为人民币离岸市场的中心得到了很大的发展，国开行也在市场中发挥了积极的作用。

最后，努力发展新的经济理论。我们现在主要依靠西方的经济理论来分析问题，但很多问题用现有的理论无法很好地解释，经济理论的发展应该适应现实的变化。金融理论需要在原有的基础之上进行大规模创新，这是亟待解决的一个问题。

国开行作为债券银行，是银行间债券市场的第二大发行体，规模上仅次于国债。国开行发行的债券品种最多，收益率曲线完整，在市场中的换手率和交易量都很大。同时，国开行还是银行间债券市场的做市商，也是信用债最大的承销商之一。国开行将一如既往地支持人民币在岸和离岸债券市场的发展，在数量、质量、品种和风险管理等方面做出自己的贡献。

高　坚《 国家开发银行副行长

资本001：股权投资基金（已出版）

目录

专题 >>>

案例 >>>

讲座 >>>

资本 002：名家谈 PE（已出版）

目录

专题 >>>

讲座 >>>

资本003：企业上市（已出版）

目 录

专题 >>>

案例 >>>

讲座 >>>

资本004：中概股危机（已出版）

目录

专题 >>>

案例 >>>

讲座 >>>